MY LAST SUPPER

终极飨宴

50位世界名厨师的
终极晚宴

〔美〕米兰妮·德尼亚 文字／摄影　韩良忆 译

MY LAST SUPPER

50 Great Chefs and Their Final Meals
Portraits, Interviews, and Recipes

by MELANIE DUNEA

广东省出版集团　新世纪出版社

推荐序

美食是一种全方位的体验，除了调动所有的感官，穿越历史、传达内心感悟和跨越空间国界的重任，都能够在大厨们的指尖和品尝者的味蕾上完成。

于是用美食来表达生活态度，乃至回答终极问题，都显得十分贴切充分。《终极飨宴》里各位顶级大厨关于如何享用最后一餐的答案，充满了享乐主义式的乐观和奢华，更充满了完美主义式的细节和想象——的确只有最美好，最根本的东西才值得陪我们到世界的最后一刻，美食无疑是其中之一，不仅因美食和口腹本身，而更体现在极致美食所代表的历史、热爱、生活方式和对完美的追求当中。

能保留到世界最后一天的是历史本身。美食的历史就是对人类文化演进的极佳诠释：对食物的加工方式，随着技术的进步而不断创新。各地美食的口味，随着文化的迁徙和融合，以及全球化的进程，不断的改变和完善。而对食物本身之外的环境、意境以及器具的追求，更是令美食文化登峰造极的动力。1683 年的神圣罗马帝国，顶级厨具 Gaggenau（嘉格纳）发源于德国黑森林脚下的同名小镇，数百年来，对美食的敬意和"德国制造"式的近乎固执的品质追求造就了品牌的精髓。包含了多道特殊手工工序的 EB388 烤箱，至今仍被收藏于纽约现代艺术博物馆（MOMA）作为艺术品展览。从伦敦海德公园 1 号到新加坡天堂岛度假区，再到全球精英和米其林大师们的厨房，美食和顶级厨具的相伴，创造了深入人心的和谐与不朽。

能陪世界终结的应该是热爱。厨房是充满爱的所在，是温馨、轻松又可以自然地互相传递感情的地方，是创造和尽享美味的天堂。只有最愉悦的五官感受，才能让这份热爱生生不息。我们的厨房应该有极简的外形设计，带来审美本源的视觉享受；触觉的讲究来自苛刻考究的用料和精致有加的工艺，让手到之处，都成为无上享受；哪怕是一个开关的设计，也要经过反复推敲，让操作时厚实而不刺耳的声音，于最细微处带来听觉快感；超强功能的吸油烟机能彻底排出油烟，为嗅觉只留住美好瞬间；而全球化的味觉体验，更是最能体现美食精神之处——比如 Gaggenau（嘉格纳）创新升级的蒸汽烤箱，即可以炙烤牛肉、烘焙布朗尼，也可以蒸海南鸡饭，甚至红烧肉——世界美食的相通之处，在爱心独到的设计中融汇于完美交点，让我们的厨房和味觉，成为生活中最温情而可靠的港湾。

追求美食是一种可以坚持到时间尽头的生活方式。美食为我们生活中最重要的关系和感情提供了足够有力的承载，以及沟通渠道。当家庭成员之间的聚餐成为人生享受和要事，当"家宴"成为款待朋友的最高礼遇，这种紧密而精致的生活分享需要更特别的平台——让社交网络、家庭和美食体验完美融合，是 Gaggenau（嘉格纳）作为顶级厨房电器的标志，最骄傲的成就。

能让世界终结时，人们仍心存快乐和感激的，是永不放弃的完美。我们所定义的奢华完美，并非镶嵌黄金钻石，而是最精良的材质、优雅的极简设计与可以传承百年的高品质，满足最顶尖精英的审美需求。为飨宴创造者们创造工具的人们，也正是在这样的沟通里，不断获得新的灵感和对烹饪本质需求的理解。在这里，即使世界终结，我们仍然有来自生活本源的、为爱、用心烹制的美食相伴，有永远未曾远离的想象力和创造力，有志同道合的伙伴和家庭。在一切繁华归于平淡，所有的语言都化作沉默的时候，我们的味蕾仍能直通心灵，唤醒回忆和直觉，最奢侈，亦最真实。

博西家用电器（中国）有限公司总裁兼首席执行官

罗兰·盖尔克

目录

CHEF

ES

安东尼·波登

Anthony Bourdain

[代序]

从人类开始围拢在火堆旁煮炊的那一刻起，众家厨师就玩起形形色色"我的最后晚餐"游戏。不论他们是在厨房收工后，在 19 世纪的巴黎中央市场一带，坐在一张摇摇晃晃的桌子旁边喝着粗酒，还是下班后在东京居酒屋慢悠悠地吃着鸡肉串烧，抑或是在纽约一家餐厅打烊后，坐在幽暗的吧台前偷喝他们根本喝不起的名贵佳酿，总会有人冲口而出："假如你明天就要死了，不限产地来源，也不管它来自你一生中的哪个阶段，你想吃的最后一道菜、最后一口食物会是什么？你在世上的最后一餐要吃什么？"

我自己玩这游戏好几百遍了，也问过这本书里提出的好几个问题，对象有我在曼哈顿的属下、旧金山和波特兰的领班厨师，还有从悉尼、吉隆坡到圣保罗的大厨们。大伙儿想吃的东西多半都很简单朴实，毫不矫揉造作，这可真叫人惊奇。他们可是常常大块朵颐，吃得痛快又吃得好的一伙人。他们知道新鲜白松露是什么味道，最上等的大粒鱼子酱对他们来说不算稀罕，一磅索价 300 美元的鲔鱼腹肉和最油润的神户牛肉在他们看来也不怎么新奇。

这本书的受访者中，许多人之间有交情。从这个角度来看，当大厨很像黑手党，大伙儿都相互认识。我们之间差距甚微，都属于同样的次文化，经常只要一通电话，就会去到世界的另一端，坐在厨房里"大厨的桌子"旁。我可没吹牛，我要说的是一个赤裸裸的事实，那就是：不论你是何方神圣，不论你多有钱，你吃的都不比大多数的大厨好。随便翻开本书的某一页，你看到的那个人八成此前不久才在"阿尔扎克"（Arzak）、"埃布利"（El Bulli）、"法国洗衣坊"（The French Laundry）、"杜卡斯"（Ducasse）、"哲也"（Tetsuya's）、"雅"（Masa）、"贝纳当"（Le Bernardin）等许许多多餐厅用过餐——多半都是在厨房，而且经常是和主厨一块用餐。

这年头，大厨们常云游在外，跑到遥远的人居聚落，在美食佳酿节庆上受表扬，或替旅馆、赌场餐厅提供咨询，当中许多人享用过新加坡街头小吃、日本精致怀石料理、中国大陆古老传统佳肴与各式各样可以吃的奇珍异食。据知，有些人的餐桌上出现过臭气冲天但美味无比的意大利萨丁尼亚奶酪[1]、精品葡萄酒，以及罕见的非法盗猎野鸟。换句话说，大厨们知道什么东西好吃，而且吃了不少好东西。

然而，当我们问自己和别人这个问题——如果被绑在电椅上、马上就要被处死，我们会希望自己在世间最后尝到什么滋味——这时，我们渴望吃到的，往往是那些会令我们回想起往日较简朴也较艰苦时光的食物——一块面包配奶油，在自家简陋破烂的小屋里腌渍烘烤的脆皮油封鸭——穷人的食物，贫瘠但相形之下算得上快活的食物（仅限于抽象层面）。当大厨思索自己最后要吃什么时，我们就会恢复原形，不再是那个讲话大声大气、A 型人格、固执又霸道的控制狂，而会回到往昔时光，变回自己儿时的模样。我们当中有些人并没有快乐的童年，但我们毕竟都曾是个孩子。如果说职业厨师这一行关乎控制，关乎操弄与左右别人、操作食材与厨房这小宇宙中各种奇异的自然力量，以完成一个人的使命，而且厨师老是在预期什么、准备什么且掌控着自己所处的环境——那么，吃得好这件事便关乎俯首称臣，关乎放手。

米兰妮·德尼亚说动了不少位全球知名顶尖大厨，让他们将一切都放下，变成小孩子一会儿，任凭镜头摄取当时的画面，他们要么开起玩笑，要么玩起扮大人的游戏，摆出自己渴望拥有的派头模样。

丹尼尔·布卢（Daniel Bouloud）梦想气势不凡地死在凡尔赛宫；这当然属于小男孩式的幻想，但现在看来不见得不会成真。费朗·阿德里亚（Ferran Adrià）的名字如今已和"埃布利"（El Bulli，西班牙文原义为"斗牛犬"）牢不可分，可是他居然没和这种狗合照过，真叫人惊讶；在我看来，照片的成果展现了这位了不起的大厨与其厨艺核心的嬉戏本质。马利欧·巴塔立（Mario Batali）的炫目行头当然显示出其人不但想盛装打扮，还雄心勃勃地渴望创造丰功伟绩。苏珊·戈因（Suzanne Goin）如少年安端·杜瓦内（Antoine Doinel）[2]一般站立在水边，在海滩上留下被冻结的一刹那。罗伦·杜朗铎（Laurent Tourondel）像孩子似地伸手想拿甜甜圈，但其实他吃的时候比较喜欢配上大人喝的啤酒。乔吉欧·罗卡台利（Giorgio Locatelli）面有愠色，无论如何都不可能放弃他的鲭鱼。同时，依我看，让杰米·奥利佛（Jamie Oliver）在英国国旗前留影，确是恰当之举。另外还有艾力克·芮波特（Eric Ripert）和荷西·安德烈斯（José Andrés）嬉耍着他们的食材，以及丽蒂亚·巴斯提亚尼许（Lidia Bastianich）把食材戴在头上。

这一系列照片中，我最喜欢的两张同时呈现了大人和儿女两代人。璜·马利·阿尔扎克（Juan Mari Arzak）与艾蕾娜·阿尔扎克（Elena Arzak）这对惊人的父女档大厨尴尬地分立两旁，立正站好，仿佛是要区隔父女各有各的优异成绩和能力。他们没说什么，父女之间的关爱和互相尊重之情却跃然纸上，弥漫整个空间。为人父者像自豪的小学生似的，笑得开心，因为他最了不起的成就就站在咫尺之处。而嘉碧尔·汉弥顿（Gabrielle Hamilton）更是以一种典型的直来直往方式，直指厨师这一行的核心要义：我们喂饱别人。

对于我自己的照片，我拿不定主意该作何想。我的确老爱开玩笑说（有些谐星也这么讲过）："我离开这世界时要和我来时一样，一丝不挂，尖叫不休，浑身是血。"不过，我看米兰妮大概太把我的话当真了。我敢说大家都会同意，在喝了四杯龙舌兰酒后作出有关事业生涯的决定，八成不是件明智的事。

说不定她只是觉得，这样总比请我飞到凡尔赛宫便宜一点……

译注

1. Sardinian cheese，又名Casu marzu，意为"腐败乳酪"，俗称"蛆虫乳酪"，因为乳酪中满是活生生的蛆虫，是为了加强发酵作用与分解乳酪脂肪而刻意加入的。有些人会先清除蛆虫再享用，也有人直接食用。

编注

2. Antoine Doinel，法国导演楚浮1959年名作《四百击》（Les Quatre Cents Coups）的主人翁，由尚皮耶·李奥饰演（Jean-Pierre Léaud）。在后来20年中，这个角色贯穿了5部楚浮的电影。

我的这一餐非得是午餐不可。那会是夏季里的某个星期六，在我家厨房的餐桌旁，窗户大敞，因此听得见楼下喧嚣的市街声响。我会为亲友烹饪这一餐。

首先，我们会狂吃很多盘的海胆，以"蜜丝卡黛"（Muscadet）白葡萄酒冲下肚，然后先抽根烟，喝上好的勃艮第红酒配山羊奶酪，然后每人各来一球黑巧克力酱冰淇凌。

我们会以浓咖啡为这一餐画下句点，喝很多的陈年李子白兰地（Vieille Prune），抽更多香烟。然后可以放音乐，醉醺醺地随着灵魂乐手威尔森·皮凯特[1]的歌声跳舞。这样应该可以缓和人之将死的打击。

佛格斯·亨德森

出生于伦敦，父母都是建筑师，本人也曾攻读建筑。开设的"圣约翰"餐厅常有伦敦艺术界人士出入。他爱用内脏烹调，认为一头牲畜"从头到尾"没有不能吃的部位。

主厨餐厅 /// St. John 圣约翰、St. John Bread & Wine 圣约翰面包与美酒（伦敦）

编注

1. Wilson Pickett，1941-2006年，美国R&B、摇滚乐与灵魂乐歌手，灵魂乐发展史上的重要人物，1991年获列入摇滚名人堂。

有没有音乐？

只有背景的电视声。

你在世上的最后一餐要吃什么？

我会来上一大盆用三种辣椒做的辣酱意大利面
（Spaghetti all' Arrabiata），柔软、芬芳又滑顺——
完美的疗愈食物（Comfort Food）。
假如要吃甜点，那会是家常自制的米饭布丁配烤桃子；
米饭布丁冰得很透，摆上烤得有点焦的热桃子。

用餐的场景何在?

我会在艾塞克斯（Essex）的家里，和我老婆紧紧相偎依，电视上在播映一些无聊的垃圾节目，壁炉里已生起火，窗户只开一道小缝隙。我刚好吃了火辣辣的意大利面，清新的空气拂在颈后，分外清凉。

用餐时喝什么?

我会喝上一瓶比利时福佳（Hoegaarden）白啤酒。

一起用餐的是哪些人?

我太太茱儿丝将坐在我身旁。

由谁来烹调?

我会自己动手。

杰米·奥利佛

1975 年出生的英国电视明星大厨，以 BBC 烹饪节目《原味主厨奥利佛》（The Naked Chef）闻名全球，所著烹饪书本本畅销，《原味主厨奥利佛——时尚轻食秀》、《原味主厨奥利佛——欢乐主餐秀》（The Return of the Naked Chef）。据报导，其人身价有 2500 万英镑（约人民币 2.25 亿）。

主厨餐厅 /// Fifteen 十五（伦敦）// Fifteen 十五（康瓦尔）// Fifteen 十五（阿姆斯特丹）// Fifteen 十五（墨尔本）

— ANTHONY BOURDAIN —

安东尼·波登

你在世上的最后一餐要吃什么？

烤牛髓骨、洋香菜与酸豆沙拉，配上几片烤过的棍子面包片，洒点上好的海盐。

用餐的场景何在？

伦敦"圣约翰"餐厅的餐室——在餐厅打烊了以后。

用餐时喝什么?

"圣约翰"倒健力士啤酒(Guinness)的技术可是超一流。

有没有音乐?

布莱恩琼斯镇大屠杀乐团(Brian Jonestown Massacre)和寇蒂斯·梅菲德
(Curtis Mayfield)现场演出——隔着一段恰到好处的距离。

由谁烹调?

我当然会很乐意让"圣约翰"的主厨兼合伙人亨德森替我烹调、上菜。是他
一手创造了我所钟爱的餐馆。如果能有一个完美的世界,那么我的哥儿们艾
力克·芮波特、马利欧·巴塔立和戈登·蓝姆西将在一旁帮厨。餐后,我们
可以一起出去,打屁聊天——等老百姓都走了以后。

忘

一起用餐的是哪些人？

既然死亡显然已迫在眉睫，我大概会想独处，不过我还是会装英雄，扮出沉着冷静的模样。这时，如果有以下这些不分古今、来自天南地北的人物为饭友，大伙儿或许会聊得很尽兴。这些人包括作家格雷安·葛林[1]、双面谍费尔比[2]、好莱坞女星艾娃·嘉娜[3]、默片明星露薏丝·布鲁克丝[4]、导演奥森·威尔斯[5]、庞克乐手伊吉·帕普[6]、导演马丁·史柯西斯[7]、大厨嘉碧尔·汉弥顿[8]、作家尼克·托奇斯[9]、拳王阿里和好莱坞女星卡洛·林白[10]。

安东尼·波登

美国名厨、作家、电视主持人，足迹遍及全球，包括两岸三地，著有《厨房机密档案》、《名厨吃四方》、《把纽约名厨带回家》、《胡乱吃一通》等多本著作。

主厨餐厅 /// Brasserie Les Halles 中央市场小酒馆（纽约）

编注

1. Graham Greene，1904-1991年，英国作家，作品广及小说、戏剧、电影、散文、游记、评论、诗歌各领域。二次世界大战期间曾加入英国军情局，顶头上司就是战后英国最有名的双面谍费尔比。曾获诺贝尔文学奖提名21次。作品致力于探索现代社会中道德与政治事件间的矛盾与纠葛，诸多作品改编为电影，主要著作有《权力与荣耀》、《事物的核心》、《爱情的尽头》、《沉静的美国人》等。
2. Kim Philby，1912-1988年，本名Harold Adrian Russell Philby，在剑桥读书时即被苏联KGB吸收，为知名的"剑桥间谍"（Cambridge Five）之一。 1963年，他察觉东窗事发的危险，叛逃往苏联，余生都在莫斯科度过。电影《特务风云——中情局诞生秘辛》（The Good Shepherd,2006）中对此经典双面谍有所著墨。
3. Ava Gardner，1922-1990年，即电影《神鬼玩家》（The Aviator, 2004）里由凯特·贝琴萨饰演的好莱坞知名美艳女星。与米基·隆尼（Mickey Rooney）和法兰克·辛纳屈的两段婚姻都以离婚收场。代表电影有与克拉克·盖博、葛莉丝·凯莉合演的《红尘》（Mogambo, 1953）。
4. Louise Brooks，1906-1985年，美国上世纪20年代知名默片女星，世人昵称"露露"（Lulu），招牌的俏丽短发造型风行欧美。至今仍是时尚界的经典指标人物。
5. Orson Welles，1915-1985年，美国导演、作家、演员兼制作人，横跨电影、舞台、广播与电视领域，1941年导演、编剧（合写）、制作兼出演的电影《大国民》（Citizen Kang），此后经常在各大电影票选活动中荣膺世界最佳电影之名，广泛获认为20世纪最重要的导演。
6. Iggy Pop，1947年生，本名James Newell Osterberg, Jr.，美国摇滚巨星，偶尔客串电影演出。在庞克与相关音乐领域上具有"改革者"的崇高地位，时以个人身份或团体"丑角"（The Stooges）发表作品，素有"庞克教父"之称。
7. Martin Scorsese，1942年生，美国重量级导演，代表作品有《计程车司机》（Taxi Driver, 1976年）、《耶稣基督的最后诱惑》（The Last Temptation of Christ, 1988年）、《四海好家伙》（Goodfellas,1990年）、《恐怖角》（Cape Fear, 1991年）等。
8. 参见本书第44页。
9. Nick Tosches，1949年生，美国作家、诗人、记者、小说家兼传记作家，亦在一些重要摇滚音乐杂志发表作品，1982年以《地狱之火》（Hellfire，美国五〇年代摇滚巨星Jerry Lee Lewis传记）跻身重要作家之林。
10. Carole Lombard，1908-1942年，上世纪30年代好莱坞知名喜剧女星，1939年与克拉克·盖博结婚（盖博的第三任妻子）。 1941年，美国加入第二次世界大战，她与母亲搭乘飞机返乡参加慈善活动时因空难丧生。最后一部作品为《生死问题》（To Be Or Not To Be）。

用餐的场景何在?

凡尔赛宫的镜宫。

你在世上的最后一餐要吃什么?

这要看是哪个季节而定,还要看亚伦·杜卡斯[1]愿不愿意为我下厨。要有很多道菜,包括汤、鹅肝盅、龙虾或螯虾之类的海鲜、一道鱼,也许还可以来道野禽菜品,好比乳鸽、雉鸡或鹧鸪;一道牛或羊肉、一道奶酪,最后至少要有两道甜点,接着上巧克力和一些"小糕点"[2]。

用餐时喝什么?

最好的勃艮第白葡萄酒,好比1986年份的Montrachet Domaine des Comtes Lafon、1982年份的Montrachet Ramonet、1962年份的Musigny Comte de Vogüé;还有勃艮第红酒,好比1959年份的Domaine de la Romanée-Conti la Tâche、1947年份的L' Eglise-Clinet、1947年份的Pomerol、1955年份的La Mission Haut-Brion,以及产自波尔多的1921年份的Château d' Yquem甜白酒。

有没有音乐?

莫扎特和波诺(Bono)[3]将在现场表演。

一起用餐的有哪些人?

我要和阿比修斯[4]、酒神巴库斯[5]、卡汉[6]、艾斯科菲耶[7],以及波居斯[8]。

由谁来烹调?

当然是亚伦·杜卡斯啰。

丹尼尔·布卢

生于法国，在里昂的农家长大，但从纽约发迹，目前在纽约、拉斯维加斯等地拥有多间高级餐厅，其中以纽约的"丹尼尔"餐厅最出名。有"纽约食神"之称。

主厨餐厅 /// Daniel 丹尼尔（纽约）// Café Boulud 布卢咖啡馆（纽约与棕榈泉）// DB Bistro Moderne DB 现代小馆（纽约）// Daniel Boulud Brasserie 丹尼尔·布卢小酒馆（拉斯维加斯）// Feast and Fêtes Catering 盛宴餐饮服务（纽约）

编注

1. 参见172页。
2. petits fours，法文原义为"小烤炉"，泛指主餐结束后食用的小蛋糕或西式自助餐中提供的糕点。源自18世纪时，人们用砖造烤炉烹调完主食后，为免浪费煤炭的热能而利用余火烘焙成的小糕点。
3. Bono，1960年生于爱尔兰都柏林，欧美摇滚天团U2主唱，多年来积极参与环境保护与消弭贫穷等活动，曾获诺贝尔和平奖提名。
4. Apicius，指Marcus Gavius Apicius，公元1世纪古罗马美食家，据信为古罗马食谱书《阿比修斯》（Apicius）的始作俑者。该作品经后人不断增添内容，于公元4世纪中由一位（或多位）编撰者集结成书。
5. Bacchus，罗马神话中的酒神，即希腊神话中的戴奥尼索斯（Dionysus）。
6. Marie-Antoine Carême，1784-1833年，法国传奇厨师，著有《19世纪法国烹调艺术》（L'Art de la cuisine française au XIXe siècle）等，首创以糖花制作糕点装饰的技巧，为糕点装饰艺术的先驱；厨艺结合了烹饪与艺术，精巧而繁复，奠定"法国高级料理"（haute cuisine）之基础，常被视为史上第一位名厨（Celebrity Chef）。
7. Georges-August Escoffier，1846 –1935，法国名厨暨厨艺作家，功在法国料理烹饪技巧现代化并普及化，是法国料理现代化的最重要代表性人物，人称"厨皇"（chef of kings and king of chefs），诸多经典菜品流传至今。其技巧大多以卡汉的厨艺为基础，但简化了其繁复华丽的风格，并将厨房作业流程组织化，1938年写就之《拉鲁斯美食大全》（Larousse Gastronomique）被视为法国料理百科，为经典之作。
8. Paul Bocuse，1926年生于法国里昂，米其林三星名厨，获认为20世纪世界最顶尖名厨之一，是最早走出厨房、走进公领域的厨师之一，数十年间游历各地，推广法国料理，开设餐厅与厨艺学校，是所谓上世纪70年代兴起的"新料理"（nouvelle cuisine）代表人物。

❦

用餐时喝什么？

我要喝香槟，因为香槟有魔力。优质的香槟就像幸福的星星。喝上好香槟时，我的灵魂觉得幸福。

你在世上的最后一餐要吃什么？

我爱吃海鲜，所以我的最后一餐会是以各色海鲜为主的赏味套餐，菜品烹法各异，灵感则来自日本京都的"吉兆"。我想吃的菜肴有生鱼片佐竹笋、醋拌明虾、蛤蜊芝麻海带汤、烤河豚、味噌扇贝与蛤蜊烤饼（Tart）、鲍鱼山椒叶煮萝卜、葛粉佐姜泥，还有包了红豆柚子馅的山药。最后，我想尝尝从没吃过的亚马逊流域水果。

用餐的场景何在？

我不想在地球上吃我的最后一餐，不过要是没有别的方案可选，我想在吉兆吃这一餐。我这一生吃过不少好菜，其中有一些棒极了，绝对称得上如同接受艺术的洗礼，与参观博物馆或观赏舞蹈表演并无两样，而到吉兆用餐那一回，最能给我这样的感觉。

那次我是头一回到日本，我们的东道主跟我的团队说，我们要到京都一家独特的餐馆用餐。可我们不知已去过多少餐馆了，心想餐馆不就是餐馆，要让我们惊奇实在太难了。

这家馆子有多特别呢？跟其他那么多馆子又有何不同？我就尽力说明一下吧。

我们先搭子弹列车从东京到京都，到达以后，闲逛穿越市区，在晚间七点半抵达餐厅，一行人中有我，有索乐（Juli Soler）、阿贝特（Albert Adrià）、卡斯特罗（Oriol Castro）[1]，还有我们的日本朋友。我们一进门，便感受到一股魔力。那是种很难捉摸的感觉。我觉得魔力是永远没法说明白的。

吉兆位于一幢日式房舍，有着美丽的和式庭园。我们穿过庭园，走到前门，一进门就看到这家餐厅和典型的餐馆是全然的两码事。里面大概有五六个包厢，每一间面积约六十平方公尺。我们那一间坐了八个人，外加四五位穿和服的女侍在场为我们服务。我们深感震撼。我们每个人都到过世上最好的餐馆，可是没有一家像这样，气氛好到不可思议。餐室非常有禅味，装饰着花艺设计和其他小摆设，营造出一股带有魔力的气氛。我们连一口东西都还没吃到，但光坐在那儿享受那种种神妙的感觉，便已值回票价。

❦

她们先以18世纪的酒盅为我们倒清酒。那玻璃盅美如珍宝，我从未见过那么美的酒盅，也没喝过那么香醇的清酒。凡此种种都在告诉我，这一餐会与用餐的环境一样神奇。我们吃的是传统日本料理，每道菜都用精美无比的食器盛装，而且每只盘碟都放在手工陶器里，后者有些已有一百多年历史。一切都是那么美妙。好一场美食飨宴！

有没有音乐?

我想听融合乐（Fusion），还有摩洛哥马拉喀什"遥顾餐厅"[2]里演奏的那种柏柏尔音乐[3]。观赏柏柏尔乐手表演，它既可带领你穿越时空、回到古老的时代和场所，听来却又如此先进且现代。

一起用餐的有哪些人?

我的同伴会是内人和亲朋好友。

由谁来烹调?

让我做做白日梦。我希望看到辞世已久的艾斯科菲耶重返人世，这样我就能吃到他的料理。在我看来，我们只要谈到美食，艾斯科菲耶便是偶像。但愿我能聆听他的教诲，尤其想学习他的人生观。

费朗·阿德里亚

生于西班牙卡塔隆尼亚，被视为"分子厨艺"（Molecular Gastronomy）代表人物，但阿德里亚自认厨艺遵循"解构主义"之风。主持的米其林三星"埃布利"餐厅每年只从四月营业至十月，但已三度获英国《餐厅》杂志（Retaurant Magazine）选为世界最佳餐厅。

主厨餐厅 /// El Bulli 埃布利（巴塞罗那）

译注 | 1. 阿贝特是阿德里亚的弟弟，索乐与卡斯特罗皆为阿德里亚的餐厅事业合作伙伴。

编注 | 2. Le Yacout，摩洛哥知名餐厅，以"一千零一夜"般的气氛著称，提供传统摩洛哥美食。地址：79, rie Sidi Ahmed Souissi, Marrakecj, Morocco。电话：（212）4-382908。需预约。
3. Berber，柏柏尔人，一支散布在北非与西非的民族，即中世纪欧洲与近代欧洲所称的摩尔人（Moors）。占摩洛哥人口的多数，政治上却属于边缘族群。柏柏尔音乐依族人所在区域不同而有变化，但最有名的就是摩洛哥一支，其他还有阿尔及利亚的卡比利亚音乐（Kabylian music），以及流传甚广的图瓦雷克音乐（Tuareg music）。

你在世上的最后一餐要吃什么？

我心目中理想的一餐有油封肥鹅肝，鹅肝由杜裴里耶[1]挑选，以简单手法加以烹调后，配上用柴火炉烤过的乡村面包，一起端上桌；伊朗的中粒鱼子酱[2]佐上好的土司面包，以及未经杀菌处理的生乳制成的浓鲜奶油；半熟的水煮农家鸡蛋配磨成粗粒的佩里戈尔黑松露[3]，那鸡蛋是我的小侄儿们当天早上在自家的鸡舍里拣来的，松露则购自佩里戈尔的圣阿尔维（Saint-Alvaire）市场；烤鸡配炸马铃薯，鸡产自法国西南部朗德省（Landes），又大又肥，加鸭油、大蒜和月桂叶一起简单烤烤，烤时不时抹点油，这样鸡皮才会脆，至于酱汁，就是烤鸡本身的油汁，直接在烤盘上淋点酒煮一下，稍微撇去油脂就可以了；薯片切得厚厚的，用鸭油炸得又香又脆；圣奈克泰（Saint-Nectaire）农家奶

酪 [4]；巧克力长形泡芙；"皮耶 · 艾梅"（Pierre Hermé）[5] 糕点店里买来的维多利亚蛋糕 [6]；野草莓佐加黑糖打的发泡鲜奶油和奶油酥饼（草莓是我父亲从我儿时栽种的庭园里采集来的）。

一起用餐的有哪些人?

我希望我的近亲好友共三十人左右都能在场。假如当天晚上可以有奇迹出现，那么我希望几位已逝的亲朋好友能够重返尘世，一起用餐直到结束。

用餐的场景何在?

我希望那是晚餐，地点是我在毕亚瑞兹（Biarritz）租屋的露台上，那儿可以俯瞰海景，一百八十度饱览美绝的巴斯克海岸风光。希望那天的天气很晴朗，这样我们便可观赏夕阳。那里有举世无双的黄昏美景。每人各据一张桌子，而那天晚上的餐桌布置，我会格外用心：桌上铺的是姑姑刺绣的桌布，用的是祖母的银器与祖父留传下来的贝纳铎[7]餐巾。花瓶里插着紫丁香和香豌豆。

用餐时喝什么?

我想用伊更堡（Château d'Yquem）葡萄酒来配鹅肝，1973年份的"香槟王"（Dom Pérignon）佐鱼子酱，其他菜肴则佐Château Pétrus[8]。然后喝1967年份的Bas-Armagnac Francis Darroze Domaine de Saint Aubin雅邑白兰地[9]，最后喝汲自我父母家磨坊用泉的清水。

有没有音乐?

如果要听音乐，那会是巴哈的大提琴组曲。这不是很快活的音乐，但我觉得是世上最美的音乐。不过，只需要播放一会儿就可以。我想当时自然的气氛便已足够。

由谁来烹调?

我想请我的副主厨提耶利照我的做法来烹调鹅肝，由裴托西安先生[10]挑选鱼子酱。要是世上有奇迹，让我的奶奶夏洛特重返人间，我希望由她来煮蛋；我还想请我的外婆露薏丝来烤鸡、炸薯条——同样的，这得当天晚上有奇迹发生才成。倘若没有奇迹出现，就请家母来烤鸡，并由我的朋友苏西来炸马铃薯（除了小时候外婆做给我吃的炸马铃薯外，这世上就属苏西炸的薯片最美味）。还有，玛丽・嘉特翁姆[11]精选的奶油与奶酪，浦久杭[12]烘焙的面包，购自"皮耶・艾梅"的甜点。发泡鲜奶油和奶油酥饼则是我的甜点主厨蔻克制作的。

艾伦娜・达荷兹

1967 年出生于法国西南部的餐饮旅馆世家，1999 年脱离家族事业，在巴黎开设自己的餐厅，不出数月便深受好评至今。

主厨餐厅 /// Hélène Darroze 艾伦娜・达荷兹（巴黎）

译注

9. Francis Darroze是艾伦娜之父，亦为名厨。他并不酿酒，而是精挑小酒庄的佳酿，再冠上己名行销。1967是艾伦娜的出生年份。

编注

1. Robert Dupér er，十多年来致力于捍卫传统鹅肝与制法的一介人物。传统法式鹅肝是以"填鸭式"喂食法来增胖鹅的体型，每只鹅每日至少需吃1公斤由麦、玉米等组成的混合饲料，让每个鹅肝最后重达700到900克。
2. osetra caviar，珍稀的里海鲟鱼（sturgeons）鱼子酱之一，仅次于最高级的Beluga caviar。
3. Black Périgord Truffle，以法国佩里戈尔地区命名，简称黑松露（Black truffle）。此地区位于法国西南，以料理闻名，尤其是鸭、鹅相关制品，更是法国历史上最著名的松露产区。
4. Saint-Nectaire farmer's cheese，法国中部奥弗涅区（Auvergne）从17世纪起开始生产的牛奶制奶酪，也是法国第一种得到法定产区认证（AOC）的农夫奶酪，每年产量约6,000吨。
5. Pierre Hermé，1961年生于法国阿尔萨斯省的科玛（Colmar），甜点师傅，《Vogue》杂志称之为"甜点界的毕加索"，曾以最年轻的资格获选为"法国年度甜点师傅"，也是第一位获颁"法国文化与艺术荣誉爵位"荣衔的甜点师傅。1996年离开食品名店馥香（Fauchon）独立，创立Pierre Hermé Paris。1998年，第一家店于东京成立；2001年，才在巴黎开店。
6. Victoria Cake，英国传统蛋糕，切面状似三明治。丈夫艾伯特亲王逝世后，维多利亚女王哀痛不已。当她终于振作起来处理国事，茶会上呈上了这种维多利亚蛋糕。
7. Bernardaud，法国名瓷，以金漆绘瓷著称，前身为法王路易十六皇室经营的皇家瓷器工厂，后来由Bernardaud家族买下，迄今仍保有皇家瓷器的品牌。今生产诸如餐具、首饰、灯具家饰等。
8. 最顶级波尔多酒庄，生产的红酒为爱酒人心目中的梦幻珍酿。
10. Mr. Petrossian，指阿曼・裴托西安（Armen Petrossian），堪称世界最知名的鱼子酱商人，品牌名为"裴托西安"，产品闻名全球，是巴黎最顶尖的鱼子酱专卖店之一，世界各地亦有分店。
11. Marie Quatrehomme，巴黎知名"嘉特翁姆奶酪专卖店"（Fromagerie Quatrehomme）女老板，亲自挑选法国各地酪农的奶酪，直到熟成才在店中推出贩售。
12. Jean-Luc Poujauran，巴黎名面包师傅，其位于巴黎第七区的高级面包店素以美味的乡村面包、胡桃卷与橄榄面包著称，也限量贩售诸如巴斯克蛋糕等地区特色蛋糕。

你在世上的最后一餐要吃什么？

简单的菜品，一片烤过的乡村面包，一点橄榄油，现削的黑松露片，海盐和黑胡椒。

用餐的场景何在？

在一棵大栎树或大榕树下。

用餐时喝什么？

龙舌兰——开玩笑的！我要来上一瓶上等的波尔多红酒。

有没有音乐？

大自然的声音就够了。有风吹过树梢的声音，或许还有鸟鸣。

一起用餐的有哪些人？

我希望我所爱的人都能环绕在我身边。

由谁来烹调？

这是简单却又不可思议的一餐。我想自己动手做，最后一次享受那乐趣。

艾力克·芮波特
生于普罗旺斯，在法国完成厨艺训练，今活跃于美国纽约。由他主厨并合伙经营的"贝纳当"餐厅拥有《纽约时报》四星和米其林三星的殊荣。

主厨餐厅 /// Le Bernardin 贝纳当（纽约）

你在世上的最后一餐要吃什么？

我在世上的最后一餐要吃简单、新鲜的菜品——炙烤鲭鱼配蒜辣青花菜。

你在世上的最后一餐要吃什么？

我在世上的最后一餐要吃简单、新鲜的菜品——炙烤鲭鱼配蒜辣青花菜。

用餐的场景何在？

在西西里岛的海滩上，黄昏时分，燃着一堆营火。

用餐时喝什么？

我想喝一瓶1994年份的Planeta Cometa[1]。

有没有音乐？

我太太普拉西和她的朋友安东妮雅当晚将献唱，但她们千万不能漏唱了雷鬼歌手珍妮·凯伊的《傻气的游戏》[2]。

一起用餐的有哪些人？

诸多亲朋好友。我要在满天星斗下举办大型派对。还有哪种送别方式能比这更好？

由谁来烹调？

西西里岛帕洛港（Porto Palo）"维多里奥"餐厅（Vittorio's）的维多里奥委会负责照料烧烤炉。而他会一如既往，全身上下仅穿着内衣。

乔吉欧 · 罗卡台利

生于北意大利餐饮世家，目前活跃于英国餐饮界，也是电视名厨。

主厨餐厅 /// Locanda Locatelli 罗卡台利小馆（伦敦）

编注

1. 意大利西西里岛知名酒庄Planeta所产的一种白酒。
2. Janet Kay，1958年生于伦敦、具有牙买加血统的英国女歌手，名曲为上世纪70年代的《傻气的游戏》（Silly Games）。

一起用餐的有哪些人？

和我一起用餐的会是饮食奉行犹太教规的人，因为我最后的心愿就是，看到在饮食方面受到重重限制的人享用平时不准吃的东西。

你在世上的最后一餐要吃什么？

野生河豚生鱼片和河豚肝、炙烤活松叶蟹、炸河豚颊、白松露白子炖饭、河豚清汤手工素面，以及浇上千年意大利香脂醋（Balsamic Vinegar）的河豚精巢布丁。

用餐的场景何在?

我想在船上用餐。

用餐时喝什么?

波摩Bowmore纯麦威士忌加一块冰河冰块。

有没有音乐?

现场演奏的莫扎特。或许就由莫扎特本人重返人世来弹奏。

由谁来烹调?

我会自己动手,或是由一位犹太教"拉比"[1]来调理这一餐。

高山雅方

纽约知名日本寿司师傅,经营并主厨的"雅"餐厅,价位之高,曾两度被《富比世》杂志选为全美最昂贵的餐厅,但由于餐厅只有 26 席座位,故仍是一位难求。

主厨餐厅 /// Masa 雅(纽约)

编注

1. rabbi,犹太语,意指导师(master)。

你在世上的最后一餐要吃什么?

艾蕾娜:

主菜将是刚在本地捕获不久的一整条无须鳕,稍微炙烤一下即可,搭配炙烤夏季乌贼佐温煮洋葱酱。接着我会烹调马铃薯,配上一点松露,让整道菜香气扑鼻。最后,我铁定会吃上很多很多上好的 70% 巧克力。

璜·马利:

我想在临走前尽量多品尝各种味道,因此我在世上的最后一餐会有很多道菜。一开始先上以松露与鹅油加味的花朵形水煮蛋佐辣香肠、椰枣,接着来一道无须鳕佐青酱与蛤蜊。那条鱼是圣赛巴斯提昂(San Sebastán)本地渔民刚捞捕上岸的。我也想来道某种禁猎的禽鸟,例如山鹬或蒿雀,最后再以我们阿尔扎克餐厅自制的白奶酪结束这一餐。

用餐的场景何在?

艾蕾娜:

九点钟左右在厨房里吃晚餐。我最爱吃晚餐了。

璜·马利:

用餐的地方会是阿尔扎克餐厅的厨房。

用餐时喝什么？

艾蕾娜：

一种叫做 Txakolí 的巴斯克[1]本地白葡萄酒。每逢特殊场合，我们都喝这款酒。它会让我想起我的一生，美好的时光，辉煌的大事。

璜・马利：

我的眼前摆了 10 杯酒，以便当我想尝某种特定滋味时，随时可以喝得到。它们从左到右分别是雪莉酒[2]、Amontillado[3]、Blanco[4]、Txakolí、2005 年份的 Tinto Rioja Alavesa[5]、1940 至 1950 年份的 Tinto Rioja Alavesa、香槟、Pedro Ximénez[6]、啤酒和可口可乐。当中没有水。我不喜欢喝清水。

有没有音乐？

艾蕾娜：

我会听巴斯克作曲家沙利耶奎（Raimundo Sarriegui）的《圣沙巴提昂进行曲》（La Mancha de San Sabastián）。

璜・马利：

用餐时没有音乐，免得我分心。不过，在我垂死时，会想听萨尼（Nicola Sani）指挥 "欧菲翁多诺斯提亚拉合唱团"（Orfeón Donostiarra Chorus）演唱。

一起用餐的有哪些人?

艾蕾娜:

我的家人,但其他人也会过来打声招呼,说不定还会加入我们。我喜欢大家随兴聚在一起吃饭,不时有人过来停留片刻,尤其是你认识这些人好久了,例如本地的一些渔民。

璜・马利:

我女儿艾蕾娜和我会与家人一起享用这一餐。

由谁来烹调?

艾蕾娜:

我会调理这一餐,而且会到最后一刻才动手,否则吃起来味道就不同了。

璜・马利:

我会和女儿艾蕾娜一起动手,因为我们了解对方的烹调手法。

艾蕾娜・阿尔扎克 + 璜・马利・阿尔扎克

西班牙厨艺界知名父女档,共同打理的"阿尔扎克"餐厅,是《餐厅》杂志 2007 年世界顶尖餐厅第十名。

主厨餐厅 /// Restaurante Arzak 阿尔扎克餐厅,(西班牙圣赛巴斯提昂 San Sabastián)

编注

1. Basque,位于法国西南端与西班牙东北部的特殊区域,大部分位于西班牙境内,有自己的独特历史、语言与风俗,经济活动以渔业、旅游业为主。其中三省于1978年在西班牙宪法保障下成立自治区,圣赛巴斯提昂即地处自治区内。
2. Sherry,添加葡萄蒸馏酒制成,原产于西班牙南部的赫雷斯镇(Jerez)。又称"Jerez"或"Xérès",Sherry系来自英语的谐音。雪利酒属甜酒,佐西式甜点时饮用。
3. 雪利酒的一种,酒液呈琥珀色,酒精浓度16-18%,带坚果香气,至少陈酿8年以上。
4. 西班牙语中意为白酒。
5. Tinto,西班牙语中意为红酒;Rioja Alavesa,西班牙葡萄酒产区名。
6. 雪利酒的一种,色深黑,浓稠甜腻。亦为雪利酒葡萄品种名。

由谁来烹调？

我要自己动手做这一餐，并珍惜个中的乐趣，因为我只需要为少数人下厨，又不必考虑上菜时间、食物成本与利润，以及顾客满不满意这些事。

你在世上的最后一餐要吃什么？

"最后一餐"这个想法太吓人，对我个人也带有反讽的意味，因为每当我手下的员工求好心切、不知变通，反而弄巧成拙、手忙脚乱时，我总是跟他们说："看在耶稣基督的份上，这又不是最后的晚餐！

现在我赫然发现，这问题把我问倒了。我想，要去想象一个人最后的一餐，正确的反应应该是把握最后的机会，吃尽这一生当中唯有在最特殊场合才拿出来献宝的那些奢华美味。纵使如此，我认为我还是比较希望能最后一次吃到那些陪伴我一辈子的食物，好比鸡蛋、盐、面包、牛油。说正经的，我想我会来上两三匙肥美的鱼卵，甚至可以是鲑鱼卵就好，不必吃什么最顶级的里海鲟鱼子酱（Beluga）；再来几颗已凉透、又脆又辛辣的樱桃萝卜（Radish）跟着是一盘炒得又香又嫩、热热的炒蛋，里头加了海盐和压碎的黑胡椒，以及新鲜的洋香菜末。最后——但并非最不重要的——就是麦香十足的烤面包，上头涂了牛油，以及一把熟透的美味樱桃。

用餐的场景何在？

我最怀念的用餐经验，都是度假时在海边发生的，天色一片灰蓝的薄暮时分。在一天当中天气正热时或用餐的尖峰时段，我都没什么胃口，因为我这一生每逢用餐时刻，都置身于喧闹不休又热得可怕的餐厅厨房里——全世界其他人在吃饭时，我都在工作——我喜欢在户外的新鲜空气里一个人静静用餐。而我真的很热爱海洋，在太阳刚下山后，一个人面对着大海，感觉十分美妙；璀璨的暮色整个展露在眼前，会让我觉得自己是个好人，有颗纯净的心。此外，我在这种时刻总是胃口大开。在太阳底下晒了一天后，冲个冷水澡，换上白色棉质T恤并露出晒得有点红、看来很健康的肌肤，我的胃口极佳，可以灌下一瓶香槟，并大啖一些咸味十足的食物。

— GABRIELLE HAMILTON —

嘉碧尔·汉弥顿

其实，我的最后一餐不可获缺的一个条件是，我要有一副好到不行的胃口，饿得恰到好处——不是"我等了好久，这会儿吞得下一头牛"那种饿过头的难受状态，也不是那种温温吞吞、说饿也不是很饿的情况。

用餐时喝什么?

我要挥霍一番，尽情地喝布丽卡-沙蒙[1]粉红香槟，说不定就一个人独享两瓶，因为我那天早上一睁开眼就可以开始喝香槟，喝到当晚临死那一刻为止。

有没有音乐?

我想听波涛声，别的都不要。

一起用餐的有哪些人?

这个问题很难回答，因为我会想要跟我的儿子共享我的最后一餐，享受有他们为伴，享受喂他们的乐趣。（两岁大的）马可很爱吃我煮的东西，我真的好高兴；我也很喜欢当我的胸脯涨满母乳，而里昂饿得不得了，猛吸着我的奶不放的感觉，美妙至极。当这一切都很顺利时，我觉得很幸福。可是，另一方面我也觉得，他们最好不在我身边，而是在自个儿的床上沉睡，这样我就可以静静沉思、用餐，假装自己孤家寡人，年纪还轻，没有这些沉重又艰辛的责任。

不知怎的，我在幻想这最后一餐时，心思会穿梭时空，回到以前无忧无虑的时光——当时我没有员工，没有小孩，没有下垂的胸脯!

嘉碧尔·汉弥顿

纽约东村"蜜李"餐厅的老板兼大厨，曾为《纽约时报》撰写大厨专栏，文章曾两度收录于美国年度最佳食物写作文选中。

主厨餐厅 /// Prune 蜜李（纽约）

编注

1. Billecart-Salmon，位于法国香槟区精华地带玛赫-须-阿伊（Mareuil-sur-Ay），创立于1818年。布丽卡-沙蒙的香槟事业一直维持着中小规模，却享有极高评价，具有特级品牌的地位，素以物超所值的粉红香槟闻名，是内行人心目中的极品。

你在世上的最后一餐要吃什么?

我的最后一餐会有一盘圣丹尼耶勒风干火腿片[1],配上数颗成熟的黑无花果;白酒蛤蜊意大利细扁面;一盘帕达诺干酪[2],还有熟到恰到好处又多汁的桃子。

用餐的场景何在?

用餐地点在我俯瞰亚德里亚海的房子,海浪不断拍击着岩岸。

用餐时喝什么?

我要喝很多巴斯提亚尼许葡萄酒[3]。吃风干火腿时配巴斯提亚尼许粉红酒(Bastianich Rosato),白酒蛤蜊酱汁配Bastianich Vespa,干酪则配Morellino la Mozza[4]。

有没有音乐?

用环绕音场效果播放的林姆斯基高沙可夫(Nikolai Rimsky-Korsakov)的《天方夜谭》(Sheherazade)组曲。

一起用餐的有哪些人?

我希望亲朋好友都能在我身边。

由谁来烹调?

我想在母亲和孩子的帮忙下来做这一餐。我们在家里一向如此。

丽蒂亚·巴斯提亚尼许

生于现属克罗埃西亚的伊斯特里亚(Istria)半岛,10岁时以难民身分移居意大利,两年后移民纽约。除了经营多家餐厅(多为合伙事业),也著有数本烹饪书,并拥有自己的美食电视节目。

主厨餐厅 /// Felidia 菲丽蒂亚(纽约)// Becco 喙(纽约)// Esca 鱼饵(纽约)// Del Posto 地方(纽约)// Lidia's 丽蒂亚(匹兹堡、坎萨斯市)

编注
1. San Daniele prosciutto。圣丹尼耶勒位于意大利东北部,产量占意大利生火腿15%,与帕玛(Parma)火腿齐名。
2. Grana Padano,比帕玛森奶酪(Parmesan)次一级的特硬质奶酪。"grana"意指硬质、易碎的成熟奶酪。
3. 丽蒂亚的儿子乔瑟夫·巴斯提亚尼许的酿酒厂生产的葡萄酒。2005年生产了第一支粉红酒。
4. La Mozza Morellino(di Scansano)。2001年,丽蒂亚·巴斯提亚尼许与马利欧·巴塔立两人合资成立 La Mozza 酒庄,占地100英亩,位于托斯卡尼的玛瑞玛区(Maremma)。

✎

你在世上的最后一餐要吃什么?

波利斯[1]的排骨,配上猪耳朵、肉垂和脸颊肉的凉拌沙拉。假如我要走了,波利斯也得走。

用餐的场景何在?

美国田园风光,黄昏时分广袤空旷的原野。我一直很希望能独坐在这般的风景里望着夕阳余晖逐渐消失,却又老觉得这样显得太矫情又老土。但这回我就要跳最后一支舞了,才不管别人怎么想呢。

用餐时喝什么?

当然要喝葡萄酒。临去前总要放肆一下。可能来一瓶高档的亚玛罗涅(Amarone)[2]红酒。

有没有音乐?

葛利果圣歌,而且放得很大声。我父亲每周日下午在家一定会大声放这音乐。周末快结束了,家庭作业,还有圣歌,这三样加起来,足够叫我好想去死。按我的想象,我要是在吃最后一餐时听到这音乐,对后面要发生的事,就不会那么不安了。

一起用餐的有哪些人?

没有别人。我跟人道别时,老是拖太久,没完没了。

由谁来烹调?

我自己。我有最后一次机会把事情做对。

丹·巴勃

纽约名厨,纽约"法国厨艺学院"(FCI)毕业生,有"思考型大厨"(chef-thinker)之称。主厨并合伙经营的纽约"蓝丘"餐厅,拥有《纽约时报》三颗星评价。

主厨餐厅 /// Blue Hill 蓝丘(纽约)// Blue Hill at Stone Barns 石谷仓的蓝丘(纽约州波坎提科丘(Pocantico Hills))

译注

编注

1. 波利斯(Boris)是巴勃在纽约州"石谷仓食物与农业中心"豢养的公猪,因为巴勃有一回在加州食物大会上以诙谐的口吻说起农场无法决定到底要不要阉割、屠宰波利斯的困境,使得这头猪哥声名大噪。

2. Amarone della Valpolivella,公认为意大利历史最优久(可追溯至公元4世纪)、品质风味最好的葡萄酒。使用产于意大利东北部Valpolicella的风干葡萄酿成,酒精浓度约15.5%左右。

你在世上的最后一餐要吃什么？

我要吃的是英式烤肉午餐。这是只有一道菜的佳肴，却能给我很大的慰藉。这道菜里必须有烤牛肉，和两种马铃薯：一种拌鸭油烤熟，一种是马铃薯泥。

另外，还要些好吃的水煮胡萝卜拌奶油，如果能洒上很多海盐加奶油一起烹调，那会更棒；同样加了很多奶油、煎煮到略焦的抱子甘蓝（Brussels Sprouts）；烤得脆脆的防风草根（Parsnips）洒黑胡椒，再淋点烤牛肉时流出的肉汁也很棒。至于甜点，我要吃厚厚一片的香蕉奶油派；这种派里头有香蕉、焦糖奶油和巧克力屑。（附注：我并不是常常这样放怀大吃！）

用餐的场景何在?

我想置身一家小酒馆里，那里有几棵栎树，非常英国风！再不然，或许在一架附有厨房的飞机上（有没有这种飞机呀？），这么一来，我便可以跟我的家人与另一半，飞行穿越英格兰，俯瞰乡村风光。

用餐时喝什么?

我说不定会喝1998年份的Sassicaia[1]。记得我在罗马喝到此酒时，觉得棒极了，是最早令我大感震撼的一款酒。最后或许会再喝些冷饮。

❧

有没有音乐？

音乐——哇，这很难回答。来点南西·葛瑞芬、艾莉森·克劳丝、凯特·布许[2]，还有"佛利伍·麦克"合唱团、"老鹰"合唱团，以及班·华特[3]。喝冷饮时把这些音乐混在一起听，应该挺不错的。我好像在写遗嘱，教人有点毛骨悚然。

一起用餐的有哪些人？

我希望有我的朋友、家人与另一半为伴。

由谁来烹调？

我想请我的朋友彼特·贝格[4]来掌厨。没人比他更优秀了。

艾波儿·布隆菲尔

生于英国伯明翰，在英国完成厨艺训练，目前在纽约经营一家餐厅，被美国《美食与美酒》（Food and Wine）杂志选为 2007 年"最佳新进大厨"。

主厨餐厅 /// The Spotted Pig 花花猪（纽约）

编注

1. 改变了意大利托斯卡尼葡萄酒历史。在马里欧侯爵（Mario Incisa della Rocchetta）引进法国卡本内苏维浓（Cabernet Sauvignon）品种葡萄、于1948年开始酿制Sassicaia之前，托斯卡尼地区只生产中、下品质的红酒。Sassicaia 于1968年首度上市贩售，开启了"超级托斯卡尼"（Super-Tuscan）之名，地位已等同"波尔多五大"，获认为20世纪的"意大利酒王"。
2. Nancy Griffith，美国乡村、民谣女歌手，1994年曾获葛莱美奖，贝蒂·米勒的名曲"From a Distance"之原唱；Alison Krauss，美国"蓝草音乐"（Blue Grass）代表歌手，乡村音乐天后，创下赢得21座葛莱美奖的惊人纪录；Kate Bush，英国传奇女歌手，曲风多神秘飘渺，诗意十足，曾获颁"英国音乐最佳荣誉贡献奖"（Ivor Novello Award for Outstanding Contribution to British Music）。
3. Fleetwood Mac，上世纪70年代重要的英国摇滚团体；Eagles，上世纪70年代美国重要摇滚团体。Ben Watt，英国乐手，80年代以Everything But the girl两人团体的民谣曲风闻名，今为知名浩世音乐（House Music）DJ。
4. Pete Begg，杰米·奥利佛的餐厅"十五"（Fifteen）食谱研发部门主任（Head of Recipe Development）。

由谁来烹调？

我希望由我旗下的"法国洗衣坊"与"塞子"两家餐厅全体厨师来调理我的最后一餐。

你在世上的最后一餐要吃什么？

我会先吃上半公斤的中粒鲟鱼子酱，接着来点鲔鱼腹肉，然后我要吃一块墨西哥薄饼（Quesadilla），再来是烤鸡，最后是松露配布里奶酪[1]。至于甜点，我要嘛吃些小泡芙，否则就吃柠檬塔。

用餐的场景何在?

我想在加州杨特维尔（Yountville）家里，还有纽约市吃我的最后一餐。

用餐时喝什么?

我会先喝1983年份的Salon香槟[2]，接着喝Ridge Lytton Springs zinfandel[3]，最后以25年的麦卡伦[4]纯麦苏格兰威士忌画下句点。

有没有音乐?

我会听我们在纳帕谷（Napa Valley）"艾德霍克"餐厅里播放的音乐集锦。

一起用餐的有哪些人?

劳拉·康宁汉[5]、我的兄弟姊妹和家父。

托马斯·凯勒

崛起于加州的美国名厨、餐饮业者兼烹饪作家,在加州经营的"法国洗衣坊"曾被《餐厅》杂志选为世界最佳餐馆。获奖无数,是除亚伦·杜卡斯之外,世上唯一同时拿下六颗米其林星的大厨。

主厨餐厅 /// The French Laundry 法国洗衣坊（加州杨特维尔）// Per Se 佩尔赛（纽约）// Bouchon 塞子（加州杨特维尔）// Bouchon Las Vegas 拉斯维加斯塞子（纽约）// Bouchon Bakery 塞子烘焙坊（纽约）// Ad Hoc 艾德霍克（加州杨特维尔）

译注

5. Laura Cunningham，凯勒的女友，也是"法国洗衣坊"餐厅的经理。

编注

1. Brie，源自法国布里（Brie）一地的牛乳制软质熟成白霉奶酪。传说8世纪时，查理大帝是第一位品尝这种奶酪的人，并立即爱上它。
2. 世上三大顶级香槟之一，100%由夏多内（Chardonnay）品种白葡萄酿成。酒厂位于法国香槟区，现隶属于罗兰香槟集团（Laurent-Perrier group）。
3. 加州Ridge酒厂出品的 Lytton Springs酒，是众多加州Zinfandel酒中最具代表性的一种逸品。Zinfandel是加州最普遍的葡萄品种之一。
4. 麦卡伦Macallan，苏格兰第一代具有合法执照的酿酒厂，采用古老的金色承诺Golden Promisr大麦酿造，获权威的《英国哈洛威士忌全书》（The Harrods Book of Whisky）喻为"单一麦芽威士忌中的劳斯莱斯"。

❧

你在世上的最后一餐要吃什么？
我要吃传统的烤肉晚餐——烤牛肉配约克夏布丁和红酒浓肉汁。

用餐的场景何在？
绝对要在我位于南伦敦的家里。

用餐时喝什么？
巴塔·梦哈榭（Bâtard-Montrachet）[1]。

有没有音乐？
我会听基音乐团（Keane）的第一张专辑《希望与恐惧》（Hopes and Fears）。

一起用餐的是哪些人？
我的家人，包括我太太妲娜和我们的四个孩子，还有家母海伦。

由谁烹调？
我会跟妲娜一起烹调，孩子们也会想当帮手。

戈登·蓝姆西
生于苏格兰的英国电视、餐厅名厨，以脾气暴躁、爱爆粗口闻名，曾是职业足球员，后因膝伤结束足球生涯，改投身厨艺界，目前管理多家餐厅，事业横跨欧、亚、美洲。

主厨餐厅 /// Gordon Ramsay at the London West Hollywood 西好莱坞伦敦大饭店 – 戈登蓝姆西餐厅（西好莱坞）// Gordon Ramsay at the London 伦敦大饭店的戈登·蓝姆西餐厅（纽约）// Restaurant Gordon Ramsay 戈登·蓝姆西餐厅、Pétrus 佩楚斯（伦敦）// Gordon Ramsay at Claridge's 克雷瑞吉大饭店 – 戈登·蓝姆西餐厅（伦敦）// Angela Hartnett at The Connaught 康诺大饭店的安杰拉哈特尼餐厅（伦敦）// the Savoy Grill 萨佛伊大饭店烧烤餐厅（伦敦）// Boxwood Café 黄杨木咖啡馆（伦敦）// Maze 迷宫（伦敦）// La Noisette 榛果（伦敦）// Banquette 长椅（伦敦）// Cielo by Angela Hartnett 安杰拉哈特尼的穹苍（佛罗里达州波卡拉顿）// Gordon Ramsay at Conrad Tokyo 康拉德大饭店 – 戈登·蓝姆西餐厅（东京）// Verre 杯子（杜拜）

编注

1. Bâtard-Montrachet。梦哈榭位于法国勃艮第产区，而巴塔-梦哈榭是继 Chevalier-Montrachet 与 Montrachet 两大知名顶级AOC之后，以梦哈榭之名闻名世界的顶级勃艮第白酒，获誉为"世上最出色的夏多内"。

你在世上的最后一餐要吃什么？

我的最后一餐会是一场有许多道菜品的美味盛宴，而且历时很久很久。

我想请那些做出我这一生钟爱菜品的人，来为我调理袖珍份量的同样菜品。既然这是最后一场大餐，我想要慢慢来，一口一口细嚼慢咽。我平时很容易激动，吃得太快（大厨不得不学会如此），可是这一餐，我要细细品味每一口食物。

我想吃一打完美且冰凉的生蚝，六颗岛湾生蚝，六颗熊本生蚝[1]，两种都佐以柠檬。接着是家母做的马铃薯煎饼，淋上酸化鲜奶油（Crème Fraîche），和一罐金黄色的中粒鱼子酱。我还想吃芦笋，要跟我在西班牙圣赛巴斯提昂一家小馆子吃到的一模一样；那芦笋个头粗，泥土味十足，不冰不烫，室温入口，淋上打到发泡的大蒜柠檬蛋黄酱，简直称得上完美。

接下来，提倡动物权利的朋友，对不起啦，不过这可是我的梦幻大餐，所以接着我要吃亚伦·杜卡斯[2]的煨肥鹅肝；我在他位于摩纳哥经营的餐厅吃过这道菜，鹅肝上加了一大堆现削的夏季松露和鸭汁。再来是盖瑞·唐可[3]的温煮龙虾；我不清楚到底是因为我当时是与我丈夫一起吃，心情又好极了，抑或只是因为龙虾本身的缘故，那只龙虾简直好吃到不行！

我也绝对要吃我妈做的美味意大利千层面，只要一小块就可以。她把加了辣香肠的波隆那肉酱、浓浓的传统白酱（Béchamel）和Parmigiano Reggiano、Pecorino[4]两种意大利干酪一层层迭起来，从我有记忆以来，我每逢生日最爱吃的就是这一道菜。

接着下来，或许有点太平常，不过毕竟我是在作梦嘛——我想来一块"彼得·卢格牛排馆"的牛排[5]！而"雅"餐厅[6]的寿司可以洗涤我的味蕾，振奋我的精神。既然这是我的最后一餐，管它得花多少钱！

最后但并不是最不重要的，我要来一大转盘的糕点，盘上有一块迈阿密顶尖糕饼师傅高史密斯（Hedy Goldsmith）改良的"丝魔饼"[7]、我妈烤的梨子翻底蛋糕、巴黎"馥香"（Fauchon）的马卡洪杏仁饼、"皮耶·艾梅"出品的任何甜点（最好是加了巧克力的），以及一点点迈阿密知名餐厅"乔的石蟹"（Joe's Stone Crab）的柠檬派。最后再来点我自己做的香蕉奶油派。

用餐的场景何在？

我想最佳地点是在我家，但不是坐在饭厅桌旁还是什么的，而是好像在摩洛哥那样，懒洋洋地靠在枕头上，很舒服，很放松。

用餐时喝什么？

要视菜品而定，但我会想喝香槟、啤酒和醇厚带劲的红酒。

❉

有没有音乐?

当然有,但若是现场演出,我恐怕会跳上跳下,转个不停,所以还是听唱片好了。我喜欢"吗那"乐团[8]、U2、史汀和科尔·波特[9]的任何一首歌。

一起用餐的有哪些人?

我的丈夫、近亲和我的姻亲们。

由谁来烹调?

前面提到的大厨,喔,还有我妈!可是,还没开饭前,妈妈就得早早把她的菜做好,因为我想要她坐下来好好享用这一整顿晚餐。

米歇尔·伯恩斯坦

出生于美国迈阿密,有阿根廷血统,少时有意成为专业舞者,曾就读纽约著名的艾文. 艾利舞蹈学院(Alvin Ailey American Dance Center),后来才改习厨艺,曾主持电视烹饪节目,目前主持多家餐厅。

- -

主厨餐厅 /// Michy's 米琪(迈阿密)// Social Sagamore 社会副酋长(迈阿密)// Social Hollywood 社会好莱坞(洛杉矶)

译注

7. S'more,一般作法为两片全麦饼干夹棉花糖和巧克力。

编注

1. Island Creek,养殖在美国麻州的Duxbury Bay,肉质丰满带奶油甜香,潮香余味强烈,2008年赢得美国东海岸海产养殖协会与国家贝壳海产协会品尝大会总冠军;Kumamoto,顶级生蚝之一,个头较小,吃完口感有小黄瓜般的余韵。原产于日本,移植北加州后相当成功,目前市面上许多是来自美国的熊本生蚝。
2. Alain Ducasse,参见172页。
3. Gary Danko,参见70页。
4. Parmigiano Reggiano,以牛的生乳制成,属帕玛森奶酪,风味繁复而独特,有"奶酪之王"美誉;Pecorino,硬质羊乳奶酪,因制作时加了大量的盐,故咸度很高。此两者皆属特硬质奶酪。
5. Peter Luger Steak House,从1887年营业至今,纽约首屈一指牛排馆,获《2006年 米其林评鉴纽约版》的一颗星评价。
6. Masa,参见36页。
8. Maná,来自墨西哥的瓜达拉哈拉(Guadalajara),知名墨西哥流行暨摇滚乐团,曾获得3座葛莱美奖、5座拉丁葛莱每奖。曲风游走于流行摇滚、拉丁摇滚、西印度群岛即兴曲(Calypso)与雷鬼之间。
9. Cole Albert Porter,1891-1964年,美国作曲、作词家,作品涵括音乐剧,素以细腻的歌词、精巧的旋律与复杂的形式著称。

你在世上的最后一餐要吃什么?

我想要平静淡然地离去,走时身旁围绕着善良美好的人,谈话气氛很融洽。我想要具体呈现一件事,那就是我经历了美好且充实的一生,然后尽量掌握仅存的一切。食物并不是那么重要。我会吃点腌渍鲑鱼和香脆的面包,佐以莳萝芥末酱汁,然后我会吃手握寿司,配酱油、姜和日本山葵。

用餐的场景何在?

我想尽量靠近水边,坐在低矮的桌旁,时间则是傍晚。

用餐时喝什么?

红酒,但不必是超高档的。最后再喝点伊索比亚的蜂蜜酒。

有没有音乐?

爵士大师迈尔斯·戴维斯(Miles Davis)将在现场演奏。

一起用餐的有哪些人?

我想和我的家人在一起,还有那些曾经对我很重要的人。我也想与马丁·路德·金和甘地同桌为伴。

由谁来烹调?

我自己。

马可斯·萨缪尔森
出生于伊索比亚,3 岁时生母病逝,被瑞典夫妇收养,在瑞典哥特堡(Göteborg)长大,21 岁时移居美国,在纽约"阿卡维"餐厅当见习生,24 岁即晋升为主厨。

主厨餐厅 /// Aquavit 阿卡维(纽约)

你在世上的最后一餐要吃什么？

简单的菜品，一片烤过的乡村面包，一点橄榄油，现削的黑松露片，海盐和黑胡椒。

你在世上的最后一餐要吃什么？

我在世上的最后一餐当然非吃寿司不可。我每一样都要吃两个，（依序是）白鲑寿司、鲔鱼寿司、鲱鱼寿司、赤贝寿司、海胆寿司和星鳗寿司。最后来一条小黄瓜卷。

用餐的场景何在？

在我旗下的一家餐厅，坐在寿司台前。

用餐时喝什么？

绿茶。

有没有音乐？

肯尼·吉（Kenny G）的 CD。

一起用餐的有哪些人？

内人和家人。

由谁来烹调？

我旗下的一位寿司师傅。

松久信幸
崛起于纽约的日本名厨，目前在全球 14 个地点拥有 19 间"信幸"餐厅。

主厨餐厅 /// Nobu 信幸、Matsuhisa 松久（全球各地）

你在世上的最后一餐要吃什么?

我在世上的最后一餐
将是一场搬上舞台演出的
盛宴,是热闹又
异国风情十足的宴会,
展示这世上最精美的
食物。

席上一网打尽来自世界各角落的最上等食物,
摆在桌旁的餐车上,任半坐半卧的宾客尽情
享用。

一辆鱼子酱推车将穿梭其间，供应上头加了鱼子酱、随点随煎的荞麦薄饼（Blini）。有辆推车将一只烤蓝脚布烈斯鸡送入餐室，它是梦幻食材法国布烈斯鸡[1]的美国本地饲育版。这烤鸡有如战利品，要在众人面前展示一番后才开始分切。席间还会沿桌派送叉烤乳猪和咸猪肉薄片裹黑松露。一如古罗马、希腊的盛宴，大伙儿用手取食，用来自全球各地最精致美味的面包舀取。这是一场纵情饮食的狂欢宴会，其味之美与气氛之放纵，会令人暂时抛开种种客套的繁文缛节。

用餐的场景何在？

这个好莱坞电影一般、古色古香的场景，将设置在印度西北部乌代浦尔[2]湖滨宫殿之类的地点。我们会搭乘贡多拉（Gondola）小舟横渡湖面，在夕阳余晖中前往宫殿，下船后将贡多拉推回湖里，任船在平静无波的湖上漂流。一切都笼罩在一股既超现实又辉煌壮丽的气氛中。宫殿的房间其实是帐篷，巨大无比，每顶帐篷又分隔成20间半圆形的小包厢，每间包厢中设有一张大卧榻，铺着最细致的床单，摆满又松又软的枕头；地上铺的是奢华的丝绸；墙上饰以金色、皇家蓝与饱满的褐色，贵气十足；珠光宝气的丝绸帘幕自天花板直垂到地，如花团锦簇，围绕着每间包厢。宫殿正中央有个大水池，那里将是舞台，席间由"太阳马戏团"（Cirque du Soleil）、舞者和阉人表演娱兴节目，所有宾客将以古老的习俗用餐，躺在大大的卧榻上等人侍候。

用餐时喝什么？

一批酒侍将端上下列酒品：

★ *Champagne, Krug, Krug Collection 1947 Nebuchadnezzar;*

★ *Riesling Auslese, Schloss Rheinhartshausen, Erbacher Bruhl, Rheingau, Germany, 1949 Rehoboam;*

★ *Montrachet, Grand Cru, Ramonet, Burgundy, France, 1986 Salmanazar, and Domaine de la Romanée-Conti, Burgundy, France, 1989 Salmanazar;*

★ *Romanée-Conti, Grand Cru, Domaine de la Romanée-Conti, Burgundy, France, 1978 and*

1985 Salmanazars;

★ *Côte-Rôtie, Guigal, La Mouline and La Landonne, Northern Rhone Valley, France, 1978 Methuselahs;*

★ *Barbaresco, Gaja, Piedmont, Italy, 1985 Salmanazar;*

★ *Cabernet Sauvignon, Heitz, Martha's Vineyard, Napa Valley, California, 1974, Salmanazar, and Harlan Estate, Napa Valley, California, 1994 Methuselah;*

★ *Pauillac, Château Latour, Bordeaux, France, 1928 Salmanazar;*

★ *Saint-Émilion, Château Cheval Blanc, Bordeaux, France, 1947 Balthazar;*

★ *Riesling Trockenbeerenauslese, J. J. Prüm, Wehlener Sonnenuhr, Mosel-Saar-Ruwer, Germany, 1971 Magnum;*

★ *Vintage Port, Taylor, Duoro Valley, Portugal, 1935 Magnum.*

〔Rehoboam瓶：容量4.5公升（6瓶）；Methuselah瓶：容量6公升（8瓶）；Salmanazar瓶：容量9公升（12瓶）；Balthazar瓶：容量12公升（16瓶）；Nebuchadnezzar瓶：容量15公升（20瓶）〕[3]

有没有音乐？

迷人的音乐能诱惑灵魂，使气氛非常超现实。我要听的音乐将融合波斯、印度、中东和土耳其乐风，也有能给人安慰、令人沉静的轻柔乐声，例如DJ多娜・德克鲁兹（Donna D'Cruz）的"Rasa Mello II"。

一起用餐的有哪些人？

既然一切都是幻想，宾客就有今人也有古人，包括一百多位我大胆想象的朋友，例如我的合伙人罗培兹（Greg Lopez），以及纽约当代艺术家史罗南[4]、小约翰・肯尼迪和杰奎琳・肯尼迪、希区柯克、麦当娜（不过她那天晚上得吃肉）、摩纳哥王妃葛丽丝・凯莉、洛・赫逊（Rock Hudson）、奥黛丽・赫本、时装设计师汤姆・福特、雪儿、意大利裔精品界名人法萝（Maria Manetti Farrow）、詹姆士・毕尔德[5]、毕加索、安迪・沃荷、波洛克[6]、克林顿总统、莎朗・史通、音乐剧作曲家韦伯、艾顿・约翰、吉他手班・哈伯和卡洛斯・桑塔纳、歌手史汀和范・莫里森[7]、女作家葛楚·史坦[8]。葡萄酒专家罗伯·帕克[9]和杰佛逊总统也将受邀，因为他们两位都热爱葡萄酒。

由谁来烹调？

每道菜都分别由该领域的专家调理。

盖瑞·唐可

出生并成长于纽约州，毕业于"美国厨艺学院"，目前活跃于旧金山湾区，经营的"盖瑞·唐可"餐厅终年一位难求。

主厨餐厅 /// Gary Danko 盖瑞·唐可餐厅（旧金山）

编注

1. Poulet de Bresse，法国鸡品种，价格不斐，产区在隆河-阿尔卑斯区（Rhone-Alpes），在世界饕客的心目中，有AOC认证的布烈斯鸡是人间美味。鲜红色的冠、全白的羽毛和泛蓝的鸡脚，正是法国国旗的颜色。
2. Udaipur，16世纪以来，即为印度帝王的避暑天堂，素有"湖水之城"的美誉。它建立于皮秋拉湖（Pichola Lake）湖畔，湖当中的湖上皇宫饭店（Taj Lake Palace）驰名全球。由于"湖上皇宫"与此地不少建筑都是以白色为主，因此被冠上"白色城市"的称号。
3. Rehoboam, Methuselah, Salmanazar, Balthazar, Nebuchadnezzar：皆为特殊的葡萄酒瓶尺寸。除了国际标准尺寸的750ml葡萄酒瓶与上述这几种之外，尚有：Magnum，最常见的大尺寸葡萄酒，其容量约为两支750ml标准瓶或1.5公升；Double Magnum，一瓶约为四支750ml标准瓶或3公升葡萄酒的容量；Jeroboam，大香槟酒瓶，相当于一瓶double magnum葡萄酒的容量。
4. Hunt Slonem，1951年生，以其抽象风格的鸟类画作与多彩的画作著称，以二战后发展出的技巧来表现伊斯兰与墨西哥生物的形貌与神秘。作品从上世纪70年代起在纽约便随处可见。
5. James Andrew Beard，1903-1985年，美国厨师暨料理作家，是在上世纪50年代向美国中产与上流阶级推广法国料理的关键人物，创立的基金会（James Beard Foundation）每年颁发各领域料理的相关奖项，获誉为"美国烹饪之父"。
6. Paul Jackson Pollock，1912-1956年，美国抽象画大师，以泼、洒、滴等手法在大幅画布上创作，对抽象表现主义运动（abstract expressionist movement）影响至巨。
7. Ben Harper，美国乐手，曾获葛莱美奖，作品中除了民谣、蓝调等音乐元素，还糅和摇滚与雷鬼风韵，甚至被誉为"90年代Jimi Hendrix"；Carlos Santana，开启拉丁摇滚的潮流先锋，领导山塔那乐团荣获14座葛莱美奖，1998年进入"摇滚名人殿堂"，亦为《滚石杂志》的"史上百大杰出吉他手"之一。Van Morrison，北爱尔兰歌手、作词作曲家、作家暨诗人，精通多种乐器，有"爱尔兰民谣之父"、"爱尔兰摇滚之父"、"爱尔兰诗人"等称号，曾获葛莱美奖。
8. Gertrude Stein，1874-1946年，美国女作家，大半生在法国度过，在当代艺术与文学的发展历史中扮演着催化的作用。
9. Robert Parker Jr.，1947年生，美国葡萄酒专家，世上极有影响力的酒评之一。创办的《Wine Advocate》刊物，刊载其对世界各地葡萄酒的评分，部分集结成书，被酒商与消费者视为重要的参考标准，甚至出现为迎合帕克的给分标准而酿造的酒，因此被称为"帕克化"（Parkerized）葡萄酒。

❦

你在世上的最后一餐要吃什么？

我要吃八或十道美味可口的海鲜、意大利面食和蔬菜（当中包括生樱桃萝卜，用上好的油和盐来调味）。

第一道是腌渍鳀鱼（Alici Marinate）配上一点大蒜面包（Bruschetta），佐以一瓶伊奇基亚岛（Ischia）马莉萨·古欧莫酒庄（Marisa Cuomo）酿制的透凉 Furore 白葡萄酒[1]。

第二道是多汁的"莫扎雷拉奶酪马车"（Mozzarella en Carozza），这是拿破里式炙烤三明治，拿水牛乳做的莫扎雷拉奶酪去蘸蛋汁，然后用油煎至外皮香脆，里面则是热呼呼、已融化的奶酪。

再来是阿玛菲风味的新鲜宽蛋面佐虾仁和笋瓜（Scialatielli ai Gamberetti），面条的材料有低筋面粉、牛奶和皮科利诺干酪[2]，口感带有韧性。阿玛菲城里只找得到这种面条，它打破了所有关于"面里不可加奶酪"的成规，面条因为掺了洋九层塔（即罗勒），所以颜色带绿，比细扁面（Fettucine）稍宽一点，但又比宽扁面（Pappardelle）薄一点。这面条代表阿玛菲这个城市令我喜爱的一切。阿玛菲早在11世纪时即享有海上霸权，拥有沿岸最美的主座教堂。

接下来的是淡菜直圆面（Spaghetti alle Cozze），硬麦面条配上辣味淡菜。这顿虾贝大餐最后的菜色是辣茴香汁炒虾（Gamberoni all' Gcqua pazza）和炙烤龙虾佐柠檬酒醋汁（Aragosta alla Brace），然后再以冰浓缩咖啡加冰淇凌（Affogato al Caffe）、兰姆酒糖浆浸小海绵蛋糕（Baba al Rum）为这一餐画下句点，一边吃甜点，一边畅饮冰凉的柠檬甜酒。

用餐的场景何在？
阿玛菲海岸的一家海滨小馆子，坐在葡萄藤凉棚下。

❧

用餐时喝什么?

很多很多冰凉的Fiano di Avellino[3]。

有没有音乐?

REM和U2将现场演唱，约翰·麦克劳夫伦[4]则将和帕可·德·鲁西亚[5]不插电原音合奏。

一起用餐的是哪些人?

我的全家人、裘·巴斯提亚尼许[6]和他的全家人、安东尼·波登、吉姆·哈里森[7]、艾梅利尔·拉嘉斯[8]与他的家人，还有诸位乐手与他们的家人。

由谁烹调?

餐厅的主厨，希望是位六十来岁的当地妇女。

马利欧·巴塔立

意大利裔美国电视名厨，出身中上阶级家庭，毕业于罗格斯大学，曾赴意大利学厨艺，如今经营多家餐厅，其人事迹可参考《炼狱厨房食习日记》一书。

主厨餐厅 /// Babbo 巴柏、Lupa 露帕、Esca 鱼饵、Otto 奥托、Casa Mono 猴子之家、Bar Jamón 火腿吧、Del Posto 地方（纽约）// Pizzeria Mozza 摩萨披萨、Osteria Mozza 小馆（洛杉矶）// B&B Ristorante 双 B 餐厅、Enoteca San Marco 圣马可酒馆（拉斯维加斯）

编注

1. Furore，位于意大利南部港市阿玛菲（Amalfi）的海岸线上的一个小镇。马莉萨·古欧莫酒庄是阿玛菲海岸线上最顶尖的酒庄。
2. Pecorino，乳白色的硬质意大利羊奶奶酪，重咸，味道非常强烈，经常用在调味较重的意大利面上。
3. 源起于罗马时代的葡萄品种与白酒名，甜度之高，令罗马人称之为 "Vitis Apiana"，意指 "蜜蜂心爱的葡萄树"，在中世纪极受欢迎。近年来经过实验改良，当地酒厂研发出一款以烤榛果香为特色的Dry Fiano，极适合用作开胃酒，也适合搭配以海鲜为基底的菜肴饮用。
4. John McLaughlin，1942年生，融合爵士（Fusion Jazz）吉他手。上世纪60年代末与Miles Davis的电音爵士融合团体合作而声名大噪，被视为当代最具影响力且技巧最高超的吉他手，精通多种风格，包括爵士、印度传统音乐与融合音乐。
5. Paco de Lucia，1947年生，佛朗明哥吉他演奏家，西班牙吉他大师。1982年与约翰·麦克劳夫伦等人共同演出的现场表演据称超过百万观众。
6. Joe Bastianich，巴塔立的餐厅合伙人，名厨丽蒂亚·巴斯提亚尼许的儿子。
7. Jim Harrison，1937年生，美国当代作家，以诗作、小说、散文、评论与美食写作著称，作品与海明威、福克纳相提并论，著有《秋之传奇》（Legends of the Fall）。
8. Emeril Lagasse，1959年生，美国餐饮界名人，身兼主厨、餐厅负责人、电视节目主持人等多重身份，并著有食谱。跨足媒体、餐厅经营的 "艾梅利尔帝国" 据估计每年营业额高达一亿五千万美元。

你在世上的最后一餐要吃什么？

我想吃的是不难烹调的简单食物，不要什么太复杂精致的东西。

第一道或许来点烤鹅肝，洒上粗海盐和压碎的黑胡椒，配上烤过的天然发酵面包，然后直接从平底锅里取用。接下来，我要吃煎烤苏格兰鲜干贝，以粗海盐和胡椒调味，在热锅里用管他多贵都要买的顶级橄榄油来煎，食用时佐以西红柿香草柠檬油汁（Sauce Vierge）。

至于主菜，若不是加了褐色奶油、酸豆、柠檬汁和洋香菜烹调的多佛舌鳎（Dover Sole），就来一块经过四星期熟成、布满大理石油花的美味牛肉，炙烤或炉烤至肉色粉红，旁边只需搭配简单的生菜沙拉，上面淋法式酱汁，再来一些用鸭油炸的粗薯条，洒上玛尔温（Malvern）产的海盐或法国顶级海盐"盐花"[1]即可。

甜点呢，要么吃我母亲烤的苹果派，否则就是她做的大黄奶酥派（Rhubarb Crumble），上头加"鸟牌"（Bird's）卡士达酱。

用餐的场景何在？

我会置身可俯瞰托斯卡尼风光的田野上，或坐在法国里维耶拉地区[2]的熏衣草田、向日葵田或果园当中。当我在露天下就着营火炊煮，太阳在远方渐渐斜落，温暖了我的脸和我的背。

用餐时喝什么？

喝Riesling或Gewürztraminer[3]（白葡萄酒），接着来瓶玛哥堡[4]的佳酿。

有没有音乐？

"酷玩"合唱团和"赛门与葛芬柯"。

一起用餐的是哪些人？

我的女友和亲朋好友。

由谁来烹调？

烹饪是我的最爱，是我的生命，倘若我人生在世只剩这件事可做，那我一定要自己动手来烧菜。

汤姆 · 艾肯斯

出身英国酒商之家，曾是英国最年轻的米其林两星大厨。主持的"汤姆 · 艾肯斯"餐厅2005年在《餐厅》杂志的世界顶尖50家餐厅中排名第8。

主厨餐厅 /// Tom Aikens 汤姆 · 艾肯斯（伦敦）

编注

1. Fleur de Sel，手工采集的法国顶级海盐，以布列塔尼地区的"格洪德盐花"（Fleur de Sel de Guérande）最具代表性，历史可追溯至公元868年。工人只采集漂浮在盐池池面最上层的细致薄层结晶，因此数量稀少，品质极佳，是世界公认的极品，适合直接洒用在生鲜食材或菜肴上食用，增添食物的鲜甜风味。切忌久煮。
2. French Riviera，较为人知的名称为"蔚蓝海岸"（Cote d'Azur）。
3. Riesling，与夏多内并列世上两大白葡萄品种，原产自德国莱茵河流域，花香浓烈，香气与酸味显著。目前，德国莱茵河流域与法国阿尔萨斯是出产Riesling酒的两大产区。有强烈"地域之味"（Terroir），受种植环境风土影响甚巨。
4. Gewürztraminer，香气浓重的白葡萄酒葡萄品种，有浓郁果香与花香，让人联想到荔枝与玫瑰，产区以法国阿尔萨斯最著称。
5. Château Margaux，法国五大酒庄之一，位于吉宏德（Gironde）省梅铎克（Médoc）区内的玛哥村。这种顶级波尔多红酒是世上最贵的红酒之一，甚至仍在橡木桶中时一瓶便价值超过1,750美元。

用餐的场景何在?

盛宴场地就是我家。

你在世上的最后一餐要吃什么?

我最后一餐的菜单会是包罗万象的,随意又不拘礼仪,而且要吃很久很久——吃上好几年!我要吃所有我爱吃的东西,次序不拘,想吃什么就吃什么:烤得通体呈深金黄、又香又脆的棍子面包,配上布列塔尼的极品奶油和贝隆生蚝[1]——我想不出有什么比这更好吃的了。我会和内人吃掉许多顶级的大粒鱼子酱,大吃最顶级的熟火腿和最棒的伊比利生火腿[2]。

我还要吃加了奶油烹调的鸡蛋,例如炒蛋、半熟水煮蛋或太阳蛋,配火腿一起吃。

菜单上还有烤乳鸽配最嫩、最新鲜的豌豆，以及龙虾卷和肥美的热狗。我要吞下刚挖出土、用鸭油香煎的袖珍马铃薯，配白菊苣沙拉；沙拉里加了很多蒜头，洒上压碎的胡椒。我母亲以前就是这样做的。

我要大啖表面有结晶盐的波佛特奶酪[3]，还有新鲜的农庄白奶酪，上头覆盖了厚厚一层加了细香葱、蒜头和粗粒胡椒调味的新鲜酸化奶油（Crème Fraîche）。我还想吃朋友克劳德做的黑松露干邑白兰地雉鸡肉酱，佐以铺上超薄熏五花肉且包覆着白松露的薄脆乡村面包。我也要吃掺了烤榛果的苦甜巧克力[4]，以及刚从树头摘下的最上等杏桃、樱桃和白水蜜桃。我会把自家做的杏桃果酱抹在刚起锅、奶油味十足的热薄煎饼上，配上1966年份Bollinger Brut香槟[5]。

用餐时喝什么？

我要用一瓶又一瓶薄酒莱新酒、陈年Hermitage[6]红酒与白色中泛着青色的Sancerre[7]白酒来佐餐，还要喝几杯陈年波本威士忌。我会慢慢啜饮品味，为这一餐画下句点。

有没有音乐?

我们会一边玩滚球，一边听法国老歌、古典乐，偶尔听听戴夫·布鲁贝克[8]之类的爵士乐。皮雅芙、布烈尔和纳京高[9]也有可能会在现场轮流演唱。

一起用餐的是哪些人?

我的家人、几位挚友和我的狗帕可会留到最后一刻。很多其他的好朋友也会过来一趟，喝几杯酒、吃点东西后告辞。

由谁来烹调?

我们将一起烹调、吃吃喝喝，直到最后一刻来到——那会是几星期或几个月后的事，那时我将因"贪饕之罪"（Sin of Gluttony）而亡。

贾克 · 裴潘

大厨、烹饪书作者、烹饪教师、电视主持人。出生于法国，曾任法国总统戴高乐的大厨，移居美国后，一方面活跃于美国厨艺界，一方面修习文学，37 岁时获得哥伦比亚大学硕士学位。

主厨餐厅 /// （无）

译注

9. Edith Piaf，法国香颂歌后；Jacaues Brel，比利时籍法语知名歌手，许多名曲被翻译为英文歌曲；Nat King Cole，美国知名歌手兼乐手。3位皆已不在人世。

编注

1. Bélon oysters，源自法国布列塔尼地区贝隆河口的生蚝品种，一颗至少得花上三到五年才能收成，价格不菲，获誉为"生蚝之王"。现在美国加州、缅因州与华盛顿皆有养殖。

2. Ibérico Ham，产于西班牙与葡萄牙（在葡萄牙称为Presunto），以自然放养、只吃橡实的伊比利黑猪的后腿肉制成，至少需要两年时间风干，是世界顶级食材之一。

3. Beaufort cheese，牛乳制法国硬质奶酪，形似格鲁耶尔奶酪（Gruyère），但奶酪没有在制作过程中因挤压形成的气泡洞，且滋味更胜一筹。产地在萨瓦地区（Savoie Region）的阿尔卑斯山区，高海拔造就了其特殊的风味。经常用来做起司锅，也是少数适合佐白酒的奶酪之一。

4. giandujas，含榛果或杏仁等坚果的巧克力；Bittersweet Chocolate，又称黑巧克力（Dark Chocolate），据美国食品暨药物管理局（FDA）规定，苦甜巧克力必须至少含35％的可可（脂）固形物（Cocoa Butter）。

5. Bollinger，法国五大香槟之一，位于法国香槟区，创始于1829年，是少数最早引进英国的香槟之一，为英国皇室钦点御用香槟。Brut意指甜度较低。

6. Hermitage，位于法国隆河北部，品质不逊于高级波尔多或勃艮第，但价格相对合理许多，从17世纪起便享有盛名。

7. Sancerre，有AOC认证的小镇，位于罗亚尔河（Loire）谷地。

8. Dave Brubeck，1920年生于加州，美国知名爵士钢琴乐手，风格可以精巧细腻，也可夸张狂放。第一位登上《时代》杂志封面的爵士乐手。

你在世上的最后一餐要吃什么？

怎么可以问厨师在世上的最后一餐要吃什么呢？这就好像问泰格·伍兹他最后一场比赛挥最后一杆时会是什么感觉，也像在问酒鬼他们咽下的最后一滴威士忌会是何等滋味。

不管问哪一位厨师，他或她都会给你同样的答案：它就在我们的血液里。我们一生都在追寻新的口味、探寻隐匿的珍宝、最美味的一口，这会儿你却提出这个问题！最后一餐！老实说，这么问可不大公道喔。

该吃什么呢？是要吃从未吃过的东西，还是吃已吃过一百万遍的东西？要吃曼谷街头的小吃，还是佛罗伦萨知名餐厅"齐布雷奥"（Il Cibrèo）？是到巴黎十七区的"盖伊·萨沃伊"餐厅[1]品尝他家的赏味菜单，还是喝库克香槟[2]喝到撑死？

我的朋友，以上这些都不是行家的选择。周末连续假日吃这些东西听起来很棒，但是拿来当作我在世上的最后一餐却嫌不足。

我认为最后一顿盛宴是一件快乐的事，就像老牌明星狄恩·马丁[3]那个随兴又闲散的名人综艺秀。依我看，它应该结合"晚餐与祝词"，我认识的人通通到场，向即将死去之人说些极不得体的祝词，例如："你们有没有听说大厨没法进天堂的事？""没有！"大伙嘟囔道，"订位已满，下回请早。"人人口不择言，很好笑，很不得体。

既然是我的最后一餐，要吃什么，我说了算。不要过分精致的法国菜，不要一条猪从头吃到尾，不要去他的肥鹅肝，菜单上将是我童年时代的标准南方风味佳肴。我希望自己最后尝到的，是记忆中尝过的最初滋味，有香脆的黑胡椒炸鸡、加了蹄膀炖了好几个小时的羽衣甘蓝、加了辣味安杜伊香肠[4]的烩虾仁碎米饭（Shrimp and Grits）、洒了少许塔巴斯可辣酱（Tabasco）又炖得烂烂的黑眼豆，以及玉米面包、炸牡蛎、比司吉配肉汁、加火腿屑炖煮的白凤豆。至于甜点，就吃脆皮梨子派和手工制波本威士忌冰淇凌。

用餐的场景何在?

奇斯·麦克奈利将在纽约的"巴尔沙扎"（Balthazar）餐馆主办这次宴会[5]。

有没有音乐?

请乐团来表演如何？我不要像"滚石"那样有名的乐团。反正也请不动。或许可以找很棒的新奥尔良爵士乐团来演奏挽歌，缓慢而哀戚的送葬曲，听来有如竖笛在哭泣，但演奏到后来却曲风一转，变为带有欢庆的意味，人们随之起舞。依我看，开派对就得像这样才对。餐毕，"食物频道"[6]会负责埋单，我起立感谢大伙儿的赏光。我会留下来，等到最后一人告辞离去，接着我会深深吸一口气，走到窗边，将牌子翻过来，让"打烊"的那一面朝外。

一起用餐的是哪些人?

我要请我的妻儿与整个家族和我一起坐在主桌，其他地方坐着业界最优秀的人才，有冯杰利荷登[7]、裴潘[8]、艾梅利尔·拉嘉斯[9]、茱丽亚、鲍比和丹尼，而安东尼·波登会坐在某个角落抽烟。这场景真够瞧的了……

泰勒·佛罗伦萨

美国电视名厨、烹饪作家，在"食物"频道主持过许多美食节目，包括《食物911》（Food 911）、《如何煮开水》（How to Boil Water），以及仍在播出的《泰勒终极秀》（Tyler's Ultimate）。

- -

主厨餐厅 /// （无）

译注

5. Keith McNally，纽约餐饮大亨，"巴尔沙扎"是他旗下一家带有法国酒馆风味的餐馆。（Balthazar意指12公升容量的酒。）

编注

1. 参见本书第174页。
2. 库克香槟Champagne Krug，最顶级香槟品牌之一，每年产量很少，只用头等葡萄汁做原料。创始于1843年，现属法国酩悦·轩尼诗 – 路易·威登集团（LVMH）。Krug Grande Cuvée是一般公认世界最伟大的香槟之一，为世界各国官方庆典仪式的必备酒款。
3. Dean Martin，1917-1995年，意大利裔美国歌手、电影演员暨电视主持人，也是上世纪50到60年代知名歌舞剧演员。《狄恩·马丁秀》于1965年开始在NBC播出，直到1974年才结束，长达10年。马丁的特色是不装腔作势，节目中即使忘词或吃螺丝也不重录或剪接，使节目呈现出一种自然随性的风格。
4. Andouille Sausage，一种法式烟熏香肠，以猪杂碎肉（如猪胃、猪肠，甚至猪心等）制成，所有材料都以黑肠衣包住。
6. Food Network，美国一播放食物与烹饪相关节目的有线电视频道，美国境外一些国家也有播放，但我国未有播出。
7. 参见本书第144页。
8. 参见本书第84页。
9. Emeril Lagasse，参见本书第78页之编注8。

由谁来烹调?

当然是我。

我太太只为我烧过一次饭。那一回我发高烧,病得没法下床进厨房,而那顿饭差一点儿就成了我在世上的最后一餐。

你在世上的最后一餐要吃什么?

绝对要是一顿有许多道菜的大餐。先吃生蚝和鱼子酱,接着来点鹅肝,再来一块好吃的肋眼牛排,最后吃点奶酪。

用餐的场景何在?

在我家里。我身为大厨,很少有空在家。因此,待在自己家里,坐在我最喜欢的高背椅上,并且让孩子们围绕在我身边蹦跳玩耍,对我而言是很奢侈的事。

用餐时喝什么?

我会先喝两三罐"皇冠"(Crown)啤酒。我在澳洲住12年了,已经爱上澳洲啤酒。接着我要一瓶2000年份的罗曼尼-康帝-梦哈榭白酒[1],然后是一瓶1961年的拉图堡[2]。因为应该不会有第二天起来头痛宿醉这回事,所以我最后还要喝纯麦威士忌。

有没有音乐?

我热爱歌剧,我想听从以前到现在都最喜爱的作品:威尔第的《茶花女》。

一起用餐的是哪些人?

我的家人。我有3个女儿,分别是1岁、4岁和7岁。我和我在法国的家人感情很好,我们是深具拉丁民族精神的一家人,所以我们会谈个不停,彼此抱来抱去,又哭又笑。

纪尧姆·布拉希米
生于巴黎,在法国名厨侯布松(Joël Robuchon)的餐厅做到副主厨后,移居澳洲,目前在悉尼歌剧院内以自己的姓氏为名号经营餐厅并兼任主厨。

- -

主厨餐厅 /// Guillaume at Bennelong 纪尧姆在悉尼歌剧院(澳洲悉尼)

编注
1. Domaine Romanée-Conti Le Montrachet,法国勃艮第一级酒庄"罗曼尼·康帝"庄园(Domaine de la Romanée-Conti)在其6款特级红酒之外的一款特级白酒。
2. Château Latour,波尔多五大酒庄之一,1961年是获得满分评价的年份之一。

你在世上的最后一餐要吃什么？

我在世上的最后一餐有手工墨西哥玉米脆片，配以在树上熟成的有机酪梨制成的酪梨酱；墨西哥"唐胡立欧"（Don Julio）牌的龙舌兰玛格丽妲调酒加绿柠檬；新鲜马铃薯面疙瘩，洒上隆河谷（Rhône Valley）松露屑；优秀酒庄酿制的 Roero Arneis[1] 白葡萄酒；炙烤牛肝菇沙拉拌奶油莴苣、好橄榄油和海盐；安德烈·贝黑酒厂[2] 酿制的 Condrieu 白酒。

再来是整只烧烤的加州索诺玛谷[3]春产羔羊（Spring Lamb），配上埋在柴火灰烬中焖熟的新品马铃薯，然后是在山洞里熟成的陈年格鲁耶尔奶酪[4]。甜点是牛奶巧克力，还有奶油酥饼（Shortbread），冰淇凌三明治配野草莓。

用餐的场景何在？

夏天，在法国塔利欧禾小镇[5]上方的蒙芒城[6]。

用餐时喝什么？

我会用1950年份的玛哥堡红酒来搭配春产羔羊，用上好的加州zinfandel[7]来配格鲁耶尔奶酪，甜点则佐以1950年份的Château d'Yquem[8]白酒。

有没有音乐？

我想听迈尔斯·戴维斯、"鲜奶油"合唱团[9]、莫扎特、巴哈的大提琴曲、艾灵顿公爵加"虱子"威廉斯[10]的独奏、杰杰·强森[11]、亨德密特长号协奏曲（Hindemith Trombone Concerto）、"披头士"和艾托[12]。

— J O N A T H A N   W A X M A N —

乔纳森·怀克斯曼

一起用餐的是哪些人?

我希望有下列这些人与我为伴:我的家人、我兄弟和他们的家人、我太太的家人和他们的小孩;还有我的朋友,不分排名顺序如下:许佛(Craig Schiffer)一家人、安德鲁斯(Colman Andrews)一家人、梅耶(Ralph Meyer)一家人、威廉森(Mark Williamson)一大家子人(他有两位妻子)。有这些人就够了。

由谁来烹调?

我的家人。

乔纳森·怀克斯曼

纽约名厨。投身厨艺界前,原是职业乐手,演奏长号,在法国接受厨艺训练返美后,先在加州两家知名餐馆"潘立西"(Chez Panisse)和 "迈可"(Michael)的厨房任职,1984年转赴纽约至今。

- -

主厨餐厅 /// Barbuto 巴布托(纽约)

译注

12.Airto,此处指的应是曾率领 "摩雷拉四重奏"(Airto Moreira Quartet)至台湾爵士音乐节演出的巴西爵士乐手艾托·摩雷拉(Airto Moreira,1941-)。

编注

1. Roero Arneis ,原产于意大利西北部皮埃蒙特(Piemonte)的白酒,散发融合了苹果、洋梨与淡淡甘草香的特殊香气。1989年取得DOC法定产区等级认定。
2. André Perret,法国北隆河产区的重要酿酒厂之一,以Condrieu白酒著称,香气强烈而鲜明。
3. Sonoma County,和那帕谷地(Napa Valley)并列加州两个最重要的葡萄酒产区。
4. Gruyère,牛乳制硬质奶酪,甜中带有微咸,以瑞士"格鲁耶尔"一地命名。2001年前,当格鲁耶尔获AOC认证为瑞士奶酪时,因为法国也有近似的同名奶酪,因此引发不少争议。法国的格鲁耶尔奶酪因法国农业法规定而有洞,但瑞士格鲁耶尔奶酪没有。
5. Talliores,位于法国萨瓦高地(Haute Savoie)安锡湖(Lake Annecy)旁的小镇,塞尚曾画过此地与这里的教堂,并称它为"地球上最美丽的地方",但目前仍为鲜为人知的隐密景点。
6. Montmin,萨瓦高地上的一个小镇,因风景如画的山间步道"孚克拉兹山坳"(Col de la Forclaz,标高1150公尺,是前往白朗峰一带景点的重要通道),今已成为观光景点。当地人传说,《圣经》中的诺亚方舟便是停泊在此地的"洛普山坳"(Col de l'Aulp),而其谷地确实形似一艘船。
7. 参见本书第57页之编注3。
8. Château d'Yquem,波尔多南部产区索甸(Sauternes)地区的特级酒庄,呈淡金黄色,拥有细致且优雅的香气,以其复杂性、浓度与甜度著称,但又有相对颇高的酸度与甜度产生巧妙的均衡。
9. Cream,1966年成立,团员之一为被誉为"吉他之神"的埃里克·克莱普顿(Eric Clapton)。1993年进入摇滚名人堂。
10. "Duke" Ellington,1899-1974年,美国作曲家、钢琴家暨乐队领队,在世时被公认为爵士乐最具影响力的人物之一;"Cootie" Williams,1910-1985年,美国爵士与R&B音乐的小号手,因身为艾灵顿公爵乐团之一员(1929-1940年)而闯出名号。
11. J. J. Johnson,1924-2001年,美国爵士乐长号手、作曲家暨编曲家。

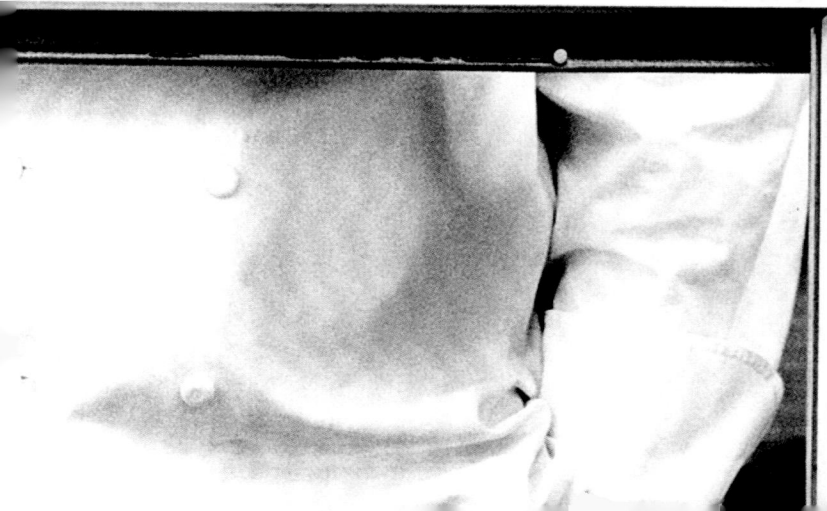

❧

你在世上的最后一餐要吃什么?

我在世上的最后一餐一定要有一块厚厚的、重14到16盎司的顶级沙朗牛排（肥肉部分不要割掉）。我也很爱吃防风草根，所以大概也会来一匙的防风草根泥，以及一大把香脆的油炸细防风草根条。

用餐的场景何在?

我要在"洛克-欧柏"餐厅的"男人咖啡馆"（Men's Café）用餐，穿着我架势最惊人、派头十足的黑色套装，佩戴着炫丽的珠宝。

用餐时喝什么?

我要喝勃艮第红酒，例如，Chambolle-Musigny-Comte Georges de Vogüé或Chambertin Comte Georges de Vogüé[1]。

有没有音乐?

大概不会有音乐。不过，如果要播放音乐的话，或许听点爵士乐吧。说不定就听吉米·史密斯[2]演奏的爵士乐风琴曲。

一起用餐的是哪些人?

我的丈夫乌瑞尔（Uriel）和儿子亚历斯（Alex），还有我的朋友雷利（Bill Reilly）。

由谁来烹调?

我会自己烹调这一餐。当跟我一起用餐的人到达"洛克-欧柏"时，我会先端上一杯我亲手煮的龙虾熏鳕鱼巧达汤，配兰姆酒奶油比司吉。末了，吃完饭以后，奉上一根Arturo Fuente雪茄[3]。

丽蒂亚 · 希雷

活跃于波士顿的女性大厨，父母皆为艺术家，曾赴"蓝带厨艺学校"伦敦分校进修，返美三年半后即获拔擢担任老牌高级餐厅"罗勃之家"（Maison Robert）的主厨。

主厨餐厅 /// Locke-Ober 洛克 - 欧伯（波士顿）

编注

1. Comte Georges de Vogüé为勃艮第产区历史悠久的知名酒庄，历史可追溯到1450年。香波幕斯尼（Chambolle-Musigny）、香贝丹（Chambertin）皆为特等葡萄园。
2. Jimmy Smith，1925/1928-2005年，美国知名爵士乐手，是在上世纪50年代末到60年代催生"灵魂爵士乐"（Soul Jazz）诞生的人物，2005年荣获"NEA爵士大师大奖"（NEA Jazz Masters Award），是美国爵士乐界的最高荣耀。
3. Arturo Fuente，多米尼加知名手工雪茄品牌。

❧

有没有音乐？

轻快的尼泊尔四弦琴（Sarangi）和印度塔不拉鼓（Tabla）的双重奏。

在乐曲间，我还要播放一卷卡带，内容有我的家人咯咯的笑声，还有他们演唱的一些动听歌曲。那带子是用我父母家的老录音机录下来的。

你在世上的最后一餐要吃什么？

假如我有幸能收到这份邀请，我会将它视为我的福气。若它真的来了，我想要求用手抓食物吃，就好像婴儿一样。那会是一顿非常基本的克什米尔餐，内容有香脆炸莲藕（Churma）、香料炖羊肉（Rogan Josh）、葫芦巴香料拌白奶酪（Meeth Chaman）、马铃薯、香辣红酱（Monj Haakh）、香料煮茄（Chowk Wangun）、凝乳拌萝卜丝（Muj Chuten）和白饭。

用餐的场景何在？

那会是一场正式的家庭聚会，在我家举行。根据事先排好的席次，大家在地毯上倚着靠枕、坐垫就座。我们将用传统火盆烧甘蔗取暖，每个人都穿着克什米尔的传统服装。

用餐时喝什么？

我要喝"喀瓦"（Kehwa），一种克什米尔茶，当中掺有杏仁、姜、肉桂、豆蔻和番红花。孩子们喝碳酸饮料。我的喀瓦茶是冰的，因为我爱喝冰的喀瓦。

一起用餐的是哪些人？

与我同桌共餐的有我的父母、兄弟和他们的妻儿、内人珊吉妲（Sangeeta），还有阿克夏（Akshat）。

由谁来烹调？

我会和珊吉妲一起为我的家人烹调。

维玛·达尔
出身克什米尔地区的印度名厨，"代维嘉尔大饭店"行政主厨。

主厨餐厅 /// Devi Garh Hotel 代维嘉尔大饭店（印度乌代浦尔）

你在世上的最后一餐要吃什么？

这话该从何说起呢？我努力思考了很久，心里琢磨着各式各样我爱吃的东西和我这一生的信念。我认为人生不该有遗憾，而应该不断自我修正、把握机会。我认为，犯错给人成长的空间。当时候到了，走到人生尽头，我希望自己已达到较高的心灵境界。这样一来，我便能以完全不同层次的心情来感念与承担这一切。

怀抱着这样的想法，我的最后一餐肯定会有炸鸡，因为我很爱吃外脆内嫩、香辣恰到好处的炸鸡。我想吃整支水煮、即席现切的甜玉米。我还可以尝到酪梨、皮埃蒙特[1]松露意大利饺，以及母亲做的甜椒香肠的滋味。

我想吃全只炭烤山羊，还有整条下锅用龙虾高汤（掺有小西红柿与手撕的罗勒）煮的鲜鱼；一大堆拌了烹调香药草和红辣椒的煎马铃薯；青苹果炖饭佐煎炙肥鹅肝、25 年的意大利香脂醋；鳗鱼饭；拿破里烙薯饼（Gatto）；我女友做的土耳其炖茄牛肉馅酥皮饼（Börek）。也许我还能吃到马可斯·萨缪尔森[2]腌渍的鲑鱼，以及丹尼尔·布卢[3]愿意动手做的任何东西。喔，还有，请再多来点白松露。

用餐的场景何在?

初秋时分一个温暖而美好的晴天，在田野上。我会坐在一张大桌旁，桌上摆满了食物，桌旁还有我挚爱的人、我的父母和兄弟姊妹。

用餐时喝什么?

我要喝勃艮第、阿尔萨斯和奥地利的白葡萄酒，还有巴洛罗[4]、勃艮第与波尔多的红酒。每瓶酒都来自我的朋友布莱克（Tom Black）的酒窖。

❦

有没有音乐?

在我和挚友与我爱的女人（宝贝，就是你啦！）谈话时，背景会传来鲍勃·迪伦、钱宁·凯许[5]、老爵士乐、威利·尼尔森[6]、贝多芬、新旧节奏蓝调歌曲、艾尔·格林[7]、莫扎特以及"五角"（50 Cent）的音乐。

一起用餐的是哪些人?

与我为伴的有新朋旧友，以及我这一生未及更深入了解的亲人。有一些人和我之间有些嫌隙需要弥平，我也希望见到他们，临去之前才不会留下遗憾。

由谁来烹调?

没有特定的人选，我只希望掌厨的人对食物有发自内心的感觉，有温暖的微笑，而且很有幽默感。这毕竟是场庆祝会。我将会离开餐桌，抱着信念迈向人生的下一个阶段，为自己能充分把握当下而感到快乐。喔，临走前请再给我一份甜椒香肠三明治，毕竟这路上要走多久，我可没个准。

史科特·康南特

生于康乃迪克州，纽约州"美国厨艺学院"（CIA）的毕业生，擅长新派意大利烹饪，2004年被《美食与美酒》（Food and Wine）杂志选为年度最佳新进大厨之一。

主厨餐厅 /// L' Impero 帝国（纽约）// Alto 阿尔托（纽约）

编注

1. Piemonte，意大利西北部省分，除了盛产美酒，也是上等白松露产区。白松露一年的产季只有2个月，价格约是黑松露的3倍。
2. 参见本书第66页。
3. 参见本书第20页。
4. Barolo，常被喻为"酒中之王"（King of the wine）的意大利红酒，产区在西北部的皮埃蒙特（Piemonte）省一带，是最多葡萄酒行家收藏的一款意大利红酒。
5. Johnny Cash，1932-2003年，美国乡村歌曲歌手暨创作者，以低沉独特的声音为特色，在其50年歌唱生涯中销售近9000万张唱片，广泛获认为20世纪最具影响力的美国音乐人之一。
6. Willie Nelson，1933年生，美国歌手暨创作者，为最受欢迎又最恶名昭彰的乡村音乐歌手，在上世纪70年代的"叛道乡村"（outlaw country）运动中达到事业高峰，之后仍在美国流行乐坛享有天王般的地位，近年因倡拥大麻烟而再度成为媒体焦点。
7. Al Green，1946年生，美国极具影响力的福音与灵魂音乐歌手。

⚜

有没有音乐？

我想听竖琴现场演奏。在我成长期间，我的姐姐学过竖琴，我很怀念。

你在世上的最后一餐要吃什么？

我在世上的最后一餐会是一顿有很多道菜的大餐，用的多半是我采收、摘集来的本地材料，或在我位于长岛的家邻近一带捕捞不超过48小时的食材，简单加以烹调就可以了。

我们一开始先吃海鲜和生鱼片：有活跳跳的甘甜裴康尼湾（Peconic Bay）扇贝；从裴康尼的伯德岛（Bird Island）挖来的小圆蛤（Littleneck Clam）；比目鱼、海鲈鱼和斑鲈各一片，都是当天从我的快艇"家庭号"上钓到的，肉质新鲜爽脆；再另外搭配一片超油却超滑顺的鲔鱼腹肉，以收相得益彰之效（鲔鱼也是前一天在海湾的外海捕到的）；还有带着海水味的海胆、一些新鲜的会在嘴巴里蹦跳的中粒鱼子酱，以及日本石斑和红蚶。

这些都配上从我的庭园里现摘的紫苏叶、细香葱和青葱，以及现磨的日本山葵、陈酿酱油和新鲜、成熟饱满又芳香的柚子。我们会先休息一下，再吃点用海湾里捕获的蓝蟹（Blue Crab）做的蟹肉饼，佐以本地产的玉米和我家园子里种的西红柿和罗勒。接着油煎一只也捕自伯德岛的沙海螂（Steamer Clam），配上用去年收成腌渍的酸黄瓜做的塔塔酱。再来尝点龙虾脚，上头满满淋了用少许龙蒿（Tarragon）和柠檬橙（Meyer Lemon）调味的本地顶尖奶油，然后是橄榄油、大蒜、洋香菜和柠檬煎炒过的墨鱼子。这时再休息一下，然后吃三味哈德逊河谷（Hudson Valley）肥鹅肝，佐以从我种的果树摘下来的水果。还要吃整只烧烤的意式烤乳猪、一些采集自本地的蕈菇、一小片烤得较生的干式熟成（Dry-aged）肋眼牛排（取自腰肉末端外侧较肥的部位），以及一些我园子里种的嫩青花椰菜（用野蒜和特级橄榄油调味），还有培根扁豆烤乳鸽和烤澳洲羔羊肉。

在这一餐的最后，要吃点生乳制的奶酪——当然要配上我园子里的新鲜水果啰，再加上巨峰葡萄、哈密瓜和荔枝。甜点也是琳琅满目，有浆果酥派佐香草冰淇凌、堕落到不行的巧克力甜点、小糕点、山胡桃塔和花生酱饼干等。每一样都会被吃下肚，绝不浪费。

用餐的场景何在？
我会在长岛家中，欣赏眼前海湾的美景。（虽然滨水区那块地目前并不属于我，但是等到要吃那一餐时，就会是我的了……）

用餐时喝什么？
每一道菜都会配上不同款的酒。生鱼片部分非得配顶级的"雫"大吟酿[1]不可，接着喝年份特好的香槟和德国白葡萄酒，然后来点大名鼎鼎的陈年红酒，最后喝点比我年纪还大（也更稀有）的甜酒。

一起用餐的是哪些人？
我身边将围绕着亲朋好友。

❧

由谁来烹调?

米山[2]将负责做生鱼片并挑选日本水果（我只寄过一次粉丝信给别的厨师，对象就是她），我要请狄史比利托[3]处理扇贝；"珍珠生蚝吧"的蕾贝嘉·查儿斯[4]烹调蟹肉饼、炸蟹和龙虾脚；葛瑞·孔兹[5]和艾芮恩·达昆[6]负责烹调三味鹅肝；安竺·卡美林尼[7]和罗贝托·唐纳[8]负责烤猪肉；翠希·德贾丹[9]烹调牛肉；和久田哲也[10]烹调羔羊肉；由"墨雷奶酪专卖店"的奇耶罗[11]负责挑选奶酪；最后，马莎·史都华将为我制作甜点和小糕点（Petits Fours）。

罗慕娟

华裔纽约名厨，2001 年当选《美食与美酒》杂志年度最佳新进大厨之一，2007 年入选"纽约商界最具影响力的 100 名女性"。

**主厨餐厅 /// ** Annisa 艾妮莎（纽约）

编注

1. 雫：日文发音shizuku，假名为しずく，意指"水滴"，中文发音同"哪"；大吟酿，最高等级的日本清酒，有如同高级葡萄酒般的丰富味觉层次。这里可能是指日本（福井县）黑龙酒造株式会社的"しずく"大吟酿。
2. Taka Yoneyama，女寿司师傅，纽约城中知名寿司店"すし膳"（Sushi Zen）老板铃木俊雄的女弟子，后来在曼哈顿格林威治村独立开设寿司店"Taka"，颇获好评，但几年前已退休，寿司店也已于2007年歇业。
3. Rocco DiSpirito，纽约名厨、电视节目主持人。毕业于"美国厨艺学院"，以美式意大利料理与充满原创性的"无国界料理"（fusion cooking）著称，并著有数本畅销的食谱书。
4. Pearl Oyster Bar，位于纽约西村的海鲜餐厅。蕾贝嘉·查儿斯（Rebecca Charles）于1997年创立这家餐厅，是将龙虾卷菜品带入曼哈顿的第一人。
5. Gray Kunz，原籍瑞士、拥有《纽约时报》四星光环的美国名厨，主掌位于"时代华纳中心"（Time Warner Center）的法式餐馆"葛瑞咖啡馆"（Café Gray），曾有食评表示其料理已超越所谓的"无国界"，是一位熟娴各种料理风格的天才。
6. Ariane Daguin，出生于法国的鹅肝酱专家，全美最大的鹅肝酱与其他相关制品公司"达塔南"（D'Artagnan）首席执行长。她也在纽约开设一家同名餐馆，提供法国西南地方料理。
7. Andrew Carmellini，曾任纽约知名餐厅"布卢咖啡馆"（Café Boulud）主厨6年，2006年后成为"声音"（A Voce）意大利餐厅主厨。2008年5月，卡美林尼确定离开"声音"，动向仍不明，但声称仍将继续意大利料理之路，并多方尝试其他的变化，包括Bar-BQ。
8. Roberto Donna，生于意大利皮埃蒙特，矢志向世界推广真正的意大利料理，曾获美国最负盛名厨艺奖项"詹姆斯·比尔德基金会（James Beard Foundation）最佳厨师奖"、"最佳餐厅经营者奖"。1984年以华盛顿特区的"伽利略"餐厅闯出名号，之后转往维吉尼亚州艾灵顿郡（Arlington）开设"罗贝托·唐纳之贝伯大众餐厅"（Bebo Trattoria da Roberto Donna）并担任主厨。
9. Traci Des Jardins，生于美国加州的主厨暨餐厅经营者，在旧金山与人合伙经营3家餐厅：高级法国餐厅"女园丁"（Jardinière）、"Acme Chophouse"牛排馆与"米吉塔"（Mijita）有机塔克饼（Taco）小馆，坚持尽量使用较小型农场与牧场生产的有机与当季在地食材。2007年赢得詹姆斯·毕尔德基金会的太平洋地区最佳主厨奖。
10. 参见本书第152页。
11. Murray's Cheese，成立于1940年的曼哈顿知名奶酪专卖店，位于格林威治村；奇耶罗·裴拉塔（Cielo Peralta）是"墨雷奶酪"的招牌店员，在顾客心目中占有重要的地位。

❋

一起用餐的是哪些人？

就只有内人。

你在世上的最后一餐要吃什么？

我要先来点加了罗望子（Tamarind）和咖哩叶调味的西红柿、扁豆精华汤，接着吃甘蔗汁辣椒雪泥清口。主菜部分，我要吃炭烤芥末虾配芫荽香料饭，甜点则是印度综合香料茶口味的烤布蕾（Crème Brûlée），搭配印度式豆蔻马士卡彭[1]奶酪冰淇凌（Kulfi）。

用餐的场景何在?
我想在家用餐。

用餐时喝什么?
陈年香槟。

有没有音乐?
来点录制的音乐[2]也颇好。

由谁来烹调?
由我自己动手做菜。

阿密特·裘杜瑞
印度新德里"泰姬玛哈大饭店"行政主厨。

主厨餐厅 /// The Taj Mahal Hotel 泰姬玛哈大饭店(印度新德里)

编注

1. Mascarpone,以牛乳制成的未发酵全脂软质意式奶酪,口感有如浓醇的鲜奶油,是制作提拉米苏的主要材料。
2. 意指非现场演出。

— ANGELA HARTNETT —
安杰拉·哈特尼

❦

你在世上的最后一餐要吃什么?

我们会吃费里尼(Fellini)萨拉米腊肠[1]、帕玛火腿和一些风干猪颈肉为前菜,接着吃烤肉,例如煨仔牛肉馅或羔羊肉馅的意大利肉饺(Anolini)。然后我们会吃两种面食,一种加了白松露,另一种是意式南瓜馄饨(Tortelli)。至于甜点,我们会吃我祖母以前常做的沙巴雍[2]。

用餐的场景何在?

在意大利山区我祖母家的院子里,大伙儿围着长桌而坐。

用餐时喝什么?

库克香槟和好的红酒。

有没有音乐?

东尼·班奈特[3]现场演出。等他表演完,赖瑞·戴维(Larry David)和杰利·塞菲尔德(Jerry Seinfield)[4]就上场娱乐大家一会儿。

一起用餐的是哪些人?

我将和亲朋好友共聚一堂。

由谁来烹调?

我们会一家人一起动手做菜。

安杰拉·哈特尼

英国名厨,是戈登·蓝姆西的得意女弟子。行内人士认为她极可能成为第一位拿下米其林三星的英国女主厨。

主厨餐厅 /// Angela Hartnett at The Connaught 康诺大饭店的安杰拉·哈特尼(伦敦)// Cielo by Angela Hartnett 安杰拉·哈特尼的穹苍(佛罗里达州波卡拉顿〔Boca Raton〕)

译注

4. 戴维和塞菲尔德是美国上世纪90年代最受欢迎电视剧集《欢乐单身派对》(Seinfield)的原创者,后者也是剧集的男主角。

编注

1. Salami,意式特殊发酵风干的腌制腊肠,切面有大理石般的花纹,具有独特的香味与酸味。
2. Zabaglione,又名Sabayon,意大利经典点心之一,将蛋黄、砂糖和马沙拉甜酒(Marsala Wine)混合打发至浓稠,温热着上桌,佐以手指饼干一同食用。
3. Tony Bennet,1926年生,美国老牌流行音乐暨爵士歌手,地位堪与法兰克·辛纳屈(Frank Sinatra)并列。

— PAUL KAHAN —
保罗 · 凯恩

❧

你在世上的最后一餐要吃什么?

我要吃美味多汁的烤猪肉,配手工面条与黑松露刨片,还有简单用嫩卷叶莴苣加柠檬拌成的沙拉。接着来点奶酪佐意大利渣酿烧酒[1],然后是瑞士巧克力,因为我的太太玛丽很爱吃。

用餐的场景何在?

我们会沿着阿帕拉契山径登山健行,在大烟山(the Great Smoky Mountains)的山脊上找个地方扎营。那是个凉爽的夏日傍晚;在健行了一天后,我们坐下来休息,看夕阳西沉,欣赏西天柔美的云彩。

用餐时喝什么?

我要喝1990年份的Chave's Hermitage Blanc Cuvée Cathelin[2]。

有没有音乐?

我们只会单纯倾听四下的声响,因为尽管音乐在我们的生活中占有重要地位,但大自然中充满了天籁,夫复何求。

一起用餐的是哪些人?

除了我和玛丽以外,没有别人。

由谁来烹调?

我会和妻子一起动手,可是得等有人搭直升机来空投食物才行。每样东西都得包裹妥当,落到地面时才不会受损。等我们用完餐,直升机上还得有人背降落伞下来捆好食物袋以防熊前来觅食(因为这是件烦人的工作,所以交给他们处理),之后直升机才离去。

保罗 · 凯恩

土生土长于芝加哥,因父亲开设美食杂货店和熏鱼厂而对烹饪产生兴趣。1999 年被《美食与美酒》杂志选为当年最佳新进大厨之一。

- - - - - - - - - - - -

主厨餐厅 /// Blackbird 黑鹩(芝加哥)// Avec 阿维克(芝加哥)

编注

1. Grappa,用酿葡萄酒后的葡萄渣为原料制成的蒸馏酒,被视为与苏格兰威士忌、法国干邑白兰地同等的代表性烈酒,通常作为餐后酒来帮助消化,也可少量运用在烹调菜肴或烤制蛋糕中以增添风味。
2. Chave's Hermitage Blanc Cuvée Cathelin,北隆河Chave酒厂的最顶级 Hermitage白酒,以一位画家朋友卡特林(Bernard Cathelin)之名而命名。只在1990年、1991年、1995年、1998年、2000年与2003年有少量生产,是一出厂就被人竞相珍藏的名酒。

❦

用餐的场景何在?

我希望那是个晴朗的日子，我坐在海滩上一张简朴的桌旁，吃完螃蟹，搞得浑身脏兮兮后，就可以直接跳进海里。

你在世上的最后一餐要吃什么?

我想吃简单的菜品，例如极新鲜的黄鳍鲔生鱼片，以及水煮青鲟，配上一点蒜味橄榄油蛋黄酱。

用餐时喝什么?

简单的食物配上一瓶5年左右、好年份的Jeffrey Grosset Polish Hill Riesling白酒,再美好不过了。

有没有音乐?

只需要有大家聊天和痛快吃东西的声响就行了,另外还有海浪拍岸声、微风轻拂棕榈树的声音。

一起用餐的是哪些人?

我想和我的妻儿一同用餐,如果能有几位世界领袖赏光也很棒。大伙儿畅谈好吃的食物、爱、和平与和谐对世人有多么重要。我真不愿意看到有人假借民主之名,摧毁我们下一代的世界。

由谁来烹调?

我想自己来,因为那将是我最后一次做菜。

尼尔·裴瑞

澳洲深具影响力的名厨,也是烹饪作家和电视主持人,擅长融合亚洲口味的现代澳洲菜,目前在悉尼和墨尔本各拥有一家高级餐厅。

主厨餐厅 /// Rockpool 岩潭(澳洲悉尼)// Rockpool 岩潭酒吧牛排馆(澳洲墨尔本)

编注

1. 产自澳洲南部克莱尔山谷(Clare Valley)的波里许丘地(Polish Hill)葡萄园,强劲多酸。此地的Riesling需要时间熟成,耐久藏,行家不建议轻易尝试新酒。Riesling,参见本书第82页之编注3。

你在世上的最后一餐要吃什么？

我的最后一餐会是墨西哥市南区"小河餐厅"（Restaurante Arroyo）供应的菜肴。我们会吃用猪油焖煮得香脆多汁的猪肉、脆脆的炸猪皮、焖烤龙舌兰叶包椒盐羔羊肉，以及带着烟熏味的蔬菜汤。这蔬菜汤是趁着烤肉时，把汤锅也埋在地洞里，置于烤肉底下焖煮而成的。

另外还有酪梨酱（Guacamole）、洒起司条的辣酱玉米饼（Huaraches），以及椭圆形的蚕豆馅玉米饼，饼上淋着绿西红柿辣酱，洒了墨西哥陈年奶酪和芫荽。

用餐的场景何在？

在小河餐厅。从巨型停车场走出来，爬上有遮蔽的阶梯，进入大门，会给你一种特别的感觉。阶级两旁摆满了摊子，卖些水果、鲜花和糖果。穿过厨房进入餐厅，会看到厨房里的泥土地上挖了好些大洞，他们就在洞里烤肉。有人会在简陋的接待区替你带位，领你到三个大餐室中的一间，和别人并桌而坐。我将坐在中间的那间餐室，置身离舞台不远的前方，被同室其他人团团围绕。

❈

用餐时喝什么?

Pulque curado de guayaba[1]和 Tequila Herradura Reposado[2],后者虽然并非最上等龙舌兰酒,却是这家餐厅最好的一种,也很好喝。我还会喝点矿泉水和波希米亚啤酒(Bohemia Beer)。

有没有音乐?

现场会有很多很多音乐。那家餐厅里有很多乐队,满室游走演奏各式各样的音乐,例如诺泰纽(Norteño)和马利亚基(Mariachi)等墨西哥地方音乐。他们也接受客人点奏。

一起用餐的是哪些人?

亲朋好友将与我共聚一堂。

由谁来烹调?

所有食物由餐厅烹调,我全都喜欢,来者不拒。

瑞克·贝勒斯

美国名厨,出身餐饮业家庭,大学主修西班牙文和拉丁美洲文化,曾主持公共电视的墨西哥烹饪节目,擅长融合现代元素的墨西哥传统菜。

主厨餐厅 /// Frontera Grill 边界烧烤餐厅(芝加哥)// Topolobampo 托波罗班波(芝加哥)

编注

1. Pulque,龙舌兰酒的一种,以龙舌兰汁液发酵酿成的酒精饮料,是中美洲当地的传统饮料。由于没有经过蒸馏处理,酒精浓度约只在5%到7%之间,目前在墨西哥许多地区仍有酿造。
2. Tequila,顶级龙舌兰酒,只有在某些特定地区使用蓝色龙舌兰草(Blue Agave)为原料制造的此类产品,才有资格冠上Tequila之名。Tequila Herradura Reposado为墨西哥老牌知名酒厂之作,"Reposado"表示已在橡木桶陈放两个月到一年,在Tequila的等级中仅次于陈年龙舌兰(Añejo)。

你在世上的最后一餐要吃什么？

我想应该会是简单朴实的食物，很随兴，很适口，例如一条又粗又肥的摩尔多（Morteaux）当地的香肠，配上格鲁耶尔奶酪和

香脆的传统棍子面包，这样就很不错了。

用餐的场景何在？

绝对是在法国，离我父母位于勃桑颂（Besançon）的家不远，说不定我们可相约勃艮第地区的伯恩酒窖（Les Caves Des Beaunes），我曾在那儿度过难忘的时光。贾铎先生[1]主办了一场两百人的品酒会，我们品尝了最顶级的美酒，有些虽已失去稠度，却未失去灵魂。有人说，酒窖（The Caves）是通往死亡的走廊。

用餐时喝什么？

我的重点不在食物，反而很想喝最美妙不凡的弗爵特级葡萄园[2]勃艮第红酒。我在16岁时首次尝到此酒，永远都忘不了那一刻，也忘不了那酒的滋味。

有没有音乐？

我想听"滚石"合唱团，然后我可能会需要静一下，所以爱沙尼亚作曲家帕尔特[3]将演奏他的《镜中镜》（Spiegel im Spiegel）。这样就很完美了。

✻

一起用餐的是哪些人？

我将和两岁起就认识的最好朋友贺内一同用餐。由于他已经过世了，所以会是居间帮我和阴间联系的最佳人选！我的两个儿子也一定要到场，因为他们不但是我的儿子，也是我的挚友。我的生活伴侣娜妲莉亚会让气氛轻松一点。身为俄罗斯人，她对怎么哀悼逝者这一套所知甚详。

俄罗斯人特爱公开缅怀已逝世多年的故人。他们在森林里盖墓园，在周遭种树，好给坟墓遮荫。他们每年都会带着伏特加酒和面包去上坟一次，在坟前尽情渲泄哀戚之情，作风和英国人很不一样。

由谁来烹调？

过去这50年中，保罗 · 波居斯[4]可能是对人类最有贡献的大厨。他是个了不起的人物，提携了不少年轻人，帮助他们名利双收。他也有很奇特有趣的幽默感，而且恰巧是我的挚友。

雷蒙 · 布朗克

生于法国，但事业根据地在英国，是牛津著名的米其林两星"四季庄园"餐厅老板兼大厨，活跃于英国美食界，深具影响力。

主厨餐厅 /// Le Manoir aux Quat' Saisons 四季庄园（英国牛津）

编注

1. Maison Louis Jadot，成立于1859年的路易 · 贾铎酒庄，位于勃艮第酒区中心地带的伯恩（Beaune），拥有勃艮第知名的一级葡萄园。
2. Clos de Vougeot，是法国勃艮第产区"夜坡"（Côte de Nuits）的最大特级葡萄园，面积广达125英亩，过去由僧侣所经营，近世变成由将近80座不同酒厂瓜分，于是在众多 Clos de Vougeot 酒款中，只有拥有较好地块或技术卓越的酒厂酿制的 Clos de Vougeot 酒款较易达到特级葡萄园的水准。
3. Arvo Pärt，1935年生于爱沙尼亚，是该国最知名的代表作曲家，作品运用不断重复的手法呈现一种后现代主义的极简风格，神秘而圣洁。在长期与苏联政府对抗后，1980年带着家人移民维也纳，现定居柏林。
4. 参见本书第21页之编注8。

▓

你在世上的最后一餐要吃什么?

大蒜柠檬烤鸡、内人萝伦丝做的普罗旺斯炖菜(Ratatouille)、炸薯条和枫糖焦糖冰淇凌。

用餐的场景何在?

只要是和萝伦丝在一起,哪里都可以。乡间咖啡馆或旅店的露天座位挺不错,而天空下着雨,我们坐在遮篷或伞下。

用餐时喝什么?

我会先喝香槟,1982年份的Krug Clos du Mesnil[1],然后喝Corton-Charlemagne[2],餐后则来点梨子白兰地和一根雪茄。

有没有音乐?

没有音乐,只有雨声。说不定我会在一片玻璃屋顶下用餐,这样就听得到雨滴落下的声音。我好喜欢下雨。小的时候,我老爱躲在大纸箱里头玩,把它当成帐篷,直到纸箱被雨水打烂了才罢手。

一起用餐的是哪些人?

内人萝伦丝和孩子,还有每一位我所爱的人——嗯,这些人或许可以晚点来,反正我们迟早会在天堂见面。

由谁来烹调?

皮耶·贾涅尔[3],不过他得按照萝伦丝的作法来烹调炖菜。

米歇尔·李察

美国首都华盛顿地区名厨,以烘焙糕饼起家,后来却成为首批跻身美国美食佳酿名人堂的大厨之一。

主厨餐厅 /// Citronelle 香茅(华盛顿)

译注

3. Pierre Gagnaire,巴黎著名米其林三星大厨,是法国"新料理"派的代表人物。

编注

1. 库克家族1971年买下只有1.8公顷的Clos du Mesnil葡萄园,酿造出的知名Clos du Mesnil单一葡萄园(Single Vineyard)顶级香槟。
2. 产自勃艮第伯恩丘(Côte de Beaune)产区特级葡萄酒园Corton-Charlemagne的顶级白酒。这个区域曾是查理曼大帝(公元742-814年)的私人产业,因此得名。

你在世上的最后一餐要吃什么？

说实在的，一个人要吃最后一餐，有两个基本方案可以选：要么吃以前从未吃过的东西，要么就是已经尝过的食物。我要是吃最后一餐的话，我选第二个方案。

用餐的场景何在？

用餐地点会在我的第二间住所，坐落于意大利温布利亚省（Umbria）一个叫做庞尼卡勒（Panicale）的小山城城墙外。我每年夏天去那儿住一个月，期间我总会办几次很棒的大型派对。我的最后一餐，形式会和那些派对一样。

客人大驾光临时，迎面就是一张朴拙的木桌，上面摆满了琳琅满目的前菜：七种香肠火腿、四种新鲜的莫扎雷拉奶酪、两种皮科利诺干酪、杏仁和橄榄。

我的房子不大，无法让每个人都围着大桌而坐，所以大伙儿会散坐在各处；几位坐在门廊的小桌旁，几位坐在后院，还有十几人坐在葡萄凉棚底下，其他人当然就是在厨房里。至于我自己，会到处游走，招呼客人。看到大家都开心，我也很高兴。

用餐时喝什么？

我办派对时，都会请每位来宾至少带一瓶红酒来，有些人会带两三瓶，例如我的朋友鲍比。他经常可以弄到一瓶特别的酒，而且只跟几位好友讲。我最好是这几位好友之一，否则可怜的鲍比就得自己吃最后一餐了。

有没有音乐？

我们会放音乐，大多数是经典摇滚或"摩城"音乐[1]，还有布鲁斯·史宾斯汀、鲍勃·迪伦、尼尔·杨、"滚石"合唱团、埃尔维斯·柯斯戴罗[2]、"至上女声"[3]和史默基·罗宾森[4]。不过，音量不大就是了。

✧

一年前，我有位宾客是个名叫东尼的英国人，他是职业鼓手，在伦敦传授鼓技。这位仁兄年约58岁，鼓打得可真好。在派对上，葡萄酒达人鲍比将好几个全空或半满的酒瓶排好，拿着汤匙敲起酒瓶。这些瓶子依酒的余量多寡而排列，敲击声听来就像在弹钢琴似的有高有低，每瓶的音调都略有不同。派对气氛愈来愈放松，酒瓶渐空，东尼接手表演。那时我们手边只有几张CD，所以把艾瑞克・克莱普顿的《旧金山湾蓝调》（San Francisco Bay Blues）和《蕾拉》（Layla），还有范・莫里森的《棕眼女孩》（Brown Eyed Girl）重复各放了十遍左右。真是太神奇了。音乐很大声，大伙儿酒足饭饱，一个个醺醺然，开心得不得了。我们唱歌跳舞，气氛美好畅快又动人，让我永远难忘。我希望我的最后一餐就像那样。

一起用餐的是哪些人？

过去这几年来，我结识了不少洛杉矶同乡，他们夏季也会到庞尼卡勒度假。虽然我们在洛杉矶很少见面，但是在温布利亚的那一个月，他们是我最好的朋友，所以他们每一位都将受邀。当然，还有我的家人，包括我的父亲赖瑞、女儿凡妮莎、两个儿子班和奥立佛，以及我的姊妹盖儿和她的准夫婿乔尔。

由谁来烹调？

我会请朋友分头前往温布利亚和托斯卡尼各处，搜集这场热闹聚会的各项主要材料。

玛吉和劳勃将到托第（Todi）采购最鲜美的水牛和乳牛莫扎雷拉奶酪；罗莉和强纳森将驱车前往诺利卡（Norica）购买各色香肠与火腿，再到卡斯塔鲁奇亚（Castalucia）买温布利亚扁豆。盖儿和乔尔前往皮烟泽（Pienze）买最好的皮科利诺干酪。英妮、理查德和琳达则将在我住的那一带搜罗最好的生鲜材料和仅有的一种优质面包。

我和我儿子奥立佛则将开车沿着风景如画、蜿蜒曲折的道路，前往奇扬地（Chianti）的庞扎诺（Panzano），那里是意大利最有名肉贩达利欧·伽基尼[5]的家乡。达利欧将供应这顿晚餐的重头戏——他出名的佛罗伦萨丁骨牛排（Bistecca Fiorentina）。除了这块巨大的牛排外，我们也要买一大块绞过的调味肥猪肉（Lardo）、一些洒了茴香的猪肩胛肉与辣味腊肠（Sopprasetta），以及这位大师无与伦比的茴香萨拉米腊肠和茴香香肠，然后把它们通通烧烤来吃。

在派对那一天早上，我的朋友布莱德利会开始采集我院子里的野生芳香药草，例如百里香、迷迭香、鼠尾草和罗勒。他还会采些野花来装饰餐桌，并且拿漂亮的餐巾来包覆银器，再以细绳系好。瞧，一切几乎都在这些细节中。

我的邻居法兰科会替我的露天烤炉升好火，我则开始动手处理配菜（Contorni），包括月桂叶与野茴香烤洋葱、香脂醋与迷迭香煨菊苣、烤栉瓜拌野薄荷、新鲜红斑豆（Borlotti Beans）拌鼠尾草和蒜头，以及扁豆拌特级橄榄油与罗勒。只要是开派对，我就一定少不了要用我那沉重的捣臼和杵来做罗勒青酱，配莫扎雷拉奶酪吃。在其他地方吃青酱，都不像在意大利做的那么美味。我的朋友莉萨会开始把香肠火腿排在一大块橄榄木板上，同时设法防堵其他帮手先尝为快。

✤

当我们忙得差不多了，就会开一瓶温布利亚或托斯卡尼红酒。那真是叫人开心的时刻。我们啜上一口，然后干点活儿，再啜上一两口。我真喜欢这种简单的乐趣。这时，火应该比地狱还热了，莉萨的丈夫希罗是那帕谷地（加州）"大地"（Terra）餐厅的大厨，他会开始烤牛排、香肠和面包；我则动手拌好野芝麻菜沙拉。楼下的自助餐台已布置妥当，只等着这一餐的明星主角——达利欧的肉品——上桌。等肉烹调好，稍微静置一下并分切后，所有的菜肴都会端到楼下，大伙儿开始吃自助餐。

我心目中的最后一餐就要像这样。如果想到那是最后一餐，一般人自然而然会感到心酸。但我的最后一餐却会像是一场庆祝会，亲朋好友共聚一堂，享受新鲜的美食，当然还有一瓶瓶的酒——既可以拿来喝，也可以拿来当鼓敲。

南西·席佛顿

洛杉矶土生土长的著名女主厨，也是烘焙大厨，曾在加州州立大学攻读人文科学，后来赴伦敦"蓝带厨艺学校"与法国学艺，著有数本烹饪著作。

....

主厨餐厅 /// Pizzeria Mozza 莫扎比萨馆（洛杉矶）// Osteria Mozza 莫扎小馆（洛杉矶）// La Brea Bakery 拉布里亚烘焙坊（美国）

编注

1. Motown，1959年成立于底特律、美国第一家由非裔美人创立的唱片公司，主要制作并发行非裔美人乐手的专辑，开创了所谓"摩城之音"（The Motown Sound）的热潮，一种对流行音乐产生极大影响的灵魂乐音乐风格。

2. Elvis Costello，1954年生，英国知名乐手暨创作者，歌词深度与广度皆超过一般流行音乐，以其独特的音乐语汇建立起他在摇滚乐界的地位。

3. The Supremes，由黛安娜·萝丝（Diana Ross）领军的美国黑人女子歌手三人组，隶属于摩城唱片公司，是上世纪60年代最受欢迎的美国合唱团体，排行榜与销售成绩都仅次于"披头士"。

4. Smokey Robinson，1940年生，美国R&B音乐歌手暨创作者，在摩城唱片公司初创时期以"奇迹"（The Miracles）团员身份加入。它是上世纪60年代间，美国黑人R&B乐风的代表性团体，史默基·罗宾森则是该团的灵魂人物，之后也以单飞姿态继续纵横乐坛。

5. Dario Cecchini，经常一边朗诵但丁的诗篇，一边切肉，加上他精选肉质部位的牛肉与手工制作的火腿、香肠是如此美味，因此成为意大利的传奇人物。

CUISINE
DU CHEF

你在世上的最后一餐要吃什么?

我眼前浮现的是在曼谷大皇宫举行的一场皇家盛宴,那里原是泰皇的住所。菜色可能有鲔鱼薄切片、辣味西米(Tapioca)、水梨与青柠龙虾卷佐莳萝辣酱(Dill and Sriracha)、脆爽的鲜鱿沙拉、生姜、木瓜与腰果,以及炭烤鸡肉佐金桔香茅酱汁、红咖哩鸭、黄姜炒饭、各式水果和青柠调味盐(Spiced Lime Salt)。

用餐的场景何在?

我将在大皇宫的皇家宴会厅设宴。

用餐时喝什么?

我们会喝阿尔萨斯葡萄酒,例如Tokay pinot gris[1],因为这酒和亚洲菜很搭。

有没有音乐?

舞者将随着泰国当地音乐翩翩起舞。

一起用餐的是哪些人?

泰皇和他的家人,以及我的至亲挚友。

由谁来烹调?

所有餐食都由御膳房的御厨烹调。

让·乔治·冯杰利荷登

出生于法国阿尔萨斯的知名大厨,16岁即决心投入厨艺界,目前定居于美国,厨艺风格走泰、法融合路线,在欧、美、亚三洲都有餐厅,当中包括上海。

主厨餐厅 /// Jean-Georges/Nougatine 让·乔治／乳加汀尼(纽约)// JoJo 乔乔(纽约)// Mercer Kitchen 默瑟厨房(纽约)// Vong "冯" 餐厅(纽约)// 66 餐厅(纽约)// Spice Market 香料市场(纽约)// Perry St. 派瑞街(纽约)// Vong's Thai Kitchen 冯的泰国厨房(芝加哥)// Prime Steakhouse 顶级牛排屋(拉斯维加斯)// Bank 银行(休斯敦)// Café Martinique 马汀尼克咖啡馆(巴哈马群岛乐园岛〔Paradise Island〕)// Dune 沙丘(巴哈马群岛乐园岛)// V 餐厅(伦敦)// Rama 拉玛(伦敦)// Market 市场(巴黎)// Jean Georges Shanghai 上海让·乔治(上海)

编注

1. 阿尔萨斯白酒是法国少数以葡萄品种命名的白酒,Tokay-Pinot Gris正是该地区栽种的10种白葡萄品种之一,且为特优品种(cepages nobles)。

🌿

你在世上的最后一餐要吃什么?

我想会是一些非常简单的家常菜品,好比成熟饱满的切片西红柿拌罗勒、海盐和橄榄油、上等的面包、牛油、风干火腿和风干猪颈肉、脆皮烤乳猪,还有农场青花菜或嫩青花菜(Rapini)炒大蒜、红葱头和辣椒。

用餐的场景何在?

会是在海滨。说不定在海滩平台上,或是在可以俯望海滩的空地或者庭园里。桌椅看来很有风味,坐起来很舒服,带点法国普罗旺斯风格。

用餐时喝什么?

Billecart-Salmon[1]的年份粉红香槟,接着说不定会喝更多的粉红酒,再来或许喝点Lang and Reed Cabernet Franc[2]红酒。

有没有音乐?

"电台司令"[3]可以为我表演!

一起用餐的是哪些人?

可以的话,我想跟我的家人挚友共进早午餐,和我丈夫一起用晚餐。

由谁来烹调?

我会请某位极有才华的厨师来做菜,但那一天从头到尾都不会有人看到此人的身影。

苏珊 · 戈因

美国洛杉矶名厨、餐厅业者,在洛杉矶拥有 3 家颇受好评的餐厅,她是 2006 年毕尔德基金会(James Beard Foundation)加州最佳大厨奖的得主。

主厨餐厅 /// Luques 路克(洛杉矶)// AOC 餐厅(洛杉矶)// The Hungry Cat 饿猫(洛杉矶)

编注

1. 参见本书第46页之编注1。
2. Lang and Reed Cabernet Franc,美国加州那帕谷地的小酒庄 Lang and Reed以过去通常被视为较次等的配角葡萄 Cabernet Franc为主酿造出的佳酿,令世人惊艳。
3. Radiohead,英国另类摇滚乐团,从1992年发行出道专辑以来,唱片销售超过2300万张,成名曲《Creep》堪称另类摇滚国歌,是所有摇滚乐迷心目中的最伟大团体之一。

你在世上的最后一餐要吃什么？

我在世上的最后一餐会是一顿有很多道菜的晚餐。

开头我要空腹来上一公斤的鱼子酱配 Blini 薄煎饼[1] 与最好的奶油，佐伏特加酒。接着来两块松露，黑与白各一，每块重一百千克，切碎了铺在我的"猪脚餐厅"烘焙出炉的烤面包上，再洒点未经精制的格洪德（Guérande）海盐[2] 和橄榄油。

再来我要吃法式肉肠酥塔（Boudin Tart），上面铺腌鹅肝，配芥末酱（Mustard）与焦糖洋葱（Caramelized Onions），还有切成薄片的"鹅岛"雪鹅肉 [3]（用中性油、酒醋和杜松子腌过）。接着下来是捕获不久的（加拿大）新斯科舍省（Nova Scotia）黑鲔鱼中腹肉，配上"猪脚餐厅"自制的酱油生吃——为了向家母致意，还会配上一片莴苣。那将是唯一的蔬菜。

然后我要吃像座小山一样多的鹬鸟（法文叫做Bécasse）。那是我和我的猎人朋友赛冈、吕福尔猎来的，采用传统做法、依照1984年版的《拉鲁斯美食大全》（Larousse Gastonomique）中的烤鹬法式吐司（Bécasses Rôties Sur Canapé）食谱来烹调。

这一餐不会有甜点，因为我通常不吃甜点，除了我的邻居鲁加比（Mostafa Rougabi）做的甜点以外；他是"白鸽"（La Colombe）的老板兼大厨。不过，到时我会需要一张床，在临终时躺着回顾过往的这一生。

用餐的场景何在？
那会是秋季的森林，风正吹着，提醒我冬季将至，天气快要变冷了。这时节该去猎白尾鹿，该到辽阔的枫树林里。在那里，你会觉得自由自在，一切都不属于任何人所有。我会因为感受到最后的幸福滋味而激动不已。

用餐时喝什么？

我的侍酒师菲立普很了解我，他会挑酒，否则我就自己订一些酒来喝。我会喝罗曼尼·康帝（Domaine de la Romanée-conti）和香槟，并且一边怀念着侯毕杜（Robidoux），一边喝伏特加配鱼子酱。

有没有音乐？

我会听尚·雷克列克[4]和"潇洒牛仔"[5]的唱片，还有顾尔德（Glenn Gould）演奏的巴哈。

一起用餐的是哪些人？

耶稣将和我一道用餐，反正他习惯了吃最后一餐。

由谁来烹调？

我的孩子会先动手烹调，但假如他们淘气不听话，孩子的妈会叫他们住手，然后由诺蒙·拉普利斯[6]、艾莲娜·法依妲[7]这两位从不曾离弃我的好朋友接手。

马丁·毕卡德

加拿大蒙特利尔名厨，2007年出版他的第一本烹饪著作。他认为餐厅的品质应反映在餐盘上，而非在盘子底下，因此他经营并主厨的"猪脚"餐厅刻意不铺桌巾。

主厨餐厅 /// Au Pied de Cochon 猪脚（加拿大蒙特利尔）

编注

1. Blini，俄国版可丽饼（Crêpe）。俄国人习惯将之搭鱼子酱一起吃，是非常普遍的吃法。
2. 参见本书第82页之编注1。
3. 鹅岛（Île Aux Oies），加拿大大西洋岸圣劳伦斯河（The Saint Lawrence River）河口的格鲁思群岛（Lsle-Aux-Grues）的一个小岛；雪鹅（Snow Goose），北美洲品种的鹅只，繁殖于北加拿大、西伯利亚东南，冬季时可远至美国南部，甚至更远。
4. Jean Leclerc，1961年生，加拿大魁北克歌手暨音乐创作者，以"Jean Leloup"（狼）之名闻名，在法语系摇滚音乐圈以其鲜明的个性与独特的音乐风格著称。
5. Les Cowboys Fringants，加拿大魁北克乐团，乐风为带点摇滚的现代化魁北克民谣，受欢迎的盛况造成歌迷狂热追逐与崇拜的现象。
6. Normand Laprise，蒙特利尔名厨，"癫狂"（Toqué）餐厅的主厨兼合伙经营者。
7. Elena Faita，加拿大蒙特利尔Mezza Luna料理学校（École de Cuisine Mezza Luna）主持人暨意大利传统料理教师。

有没有音乐？

只有水声和风声。

你在世上的最后一餐要吃什么？

我热爱钓鱼与驾船。而由于我在这世上最爱吃的是鲔鱼，我希望我的最后一餐是这样的：我在船上垂钓，我们钓到了鲔鱼，放个几天后，再把鱼吃掉。我会用很多做法来料理这条鱼，有日式刺身、意大利式生鱼薄片（Carpaccio）、外层稍微炙烤，还有像做鞑靼牛肉（Tartare）那样剁碎了生吃。对我而言，这是梦幻的一餐。

用餐的场景何在？

在船上。船的大小和地点不拘，只要能在水上就好了。

用餐时喝什么?

我最爱冷的清酒,真正上等的清酒。某个日本清酒师傅会替我们酿酒。

一起用餐的是哪些人?

我会和教我驾船的老师怀海德(John Whitehead)与我的钓鱼老师麦吉尔(Craig McGill)在一起。

由谁来烹调?

我自己还有厨师老二,他真的就叫做老二(Ⅱ)。

和久田哲也

日本出生的澳洲名厨,厨艺融合日本和法国风格。他在悉尼主厨、经营的"哲也"餐厅从 2005 年起,一连 3 年跻身《餐厅》杂志世界顶尖 50 家餐厅之林。

主厨餐厅 /// Tetsuya's 哲也(澳洲悉尼)

— LAURENT TOURONDEL —
罗伦·杜朗铎

❋

你在世上的最后一餐要吃什么？

简单的菜品，一片烤过的乡村面包，一点橄榄油，现削的黑松露片，海盐和黑胡椒。

你在世上的最后一餐要吃什么？

说真的，我想吃"BLT 鱼馆"（BLT Fish）的鲔鱼三明治，而且要多加一点泰式辣椒酱（Sriracha）。另外，我也一定要吃炸薯条配汉斯（Heinz）西红柿酱，甜点则是 Krispy Kreme[1] 的经典甜甜圈。

用餐的场景何在？

在墨西哥的海滨，天气很温暖。

用餐时喝什么？

我要喝啤酒，"可乐娜"加青柠。

有没有音乐？

当然有啊！ U2 或"滚石"会现场演唱。

一起用餐的是哪些人？

我的亲朋好友会跟我一起用餐。

由谁来烹调？

我呀！

罗伦·杜朗铎

出生于法国，13 岁进烹饪职校，毕业后立刻投身厨艺界，在军中服役时为将领主厨，退伍后先转赴伦敦工作，后移居纽约。

主厨餐厅 /// BLT Steak ／ BLT 牛排馆（纽约）// BLT Fish ／ BLT 鱼馆（纽约）// BLT Prime ／ BLT 顶级馆（纽约）// BLT Burgur ／ BLT 汉堡馆（纽约）

编注
1. Krispy Kreme，1937年创立于加州的甜甜圈连锁店，如今全世界各大城市皆可见，也是股票上市公司。

有没有音乐？

有，而且要很大声。"死之华"[1] 的音乐占绝大多数，而且多半是 1976 到 1979 年间的歌曲。

你在世上的最后一餐要吃什么？

那会是简单的一餐，都是些我个人最爱吃的东西。既然是我的最后一餐，一定要有能抚慰我身心的食物。我想吃炒得软嫩的炒蛋配烤黑麦吐司面包；一份半生不熟的奶酪汉堡，上面加一个煎蛋，不要面包；一块煎得恰到好处的牛排，佐以传统风味、非常浓稠的贝尔尼斯酱[2]（这是我学会做的第一种酱汁）；然后再来些蔬菜——纯粹是为了让我妈安心。

如此一来，一天的三餐就解决了，而且每一道都有我最爱吃的鸡蛋。也是因为这个缘故，我的餐厅名片上有鸡蛋的图案）。

我的最后一餐会"蛋"到不行。

用餐的场景何在？

在我的餐厅里。虽然这听来很老套，可是我真的很喜欢站在我的厨房里吃东西。厨房里有天窗。晴天的下午，厨房里满满都是天光；地板是蓝色的，让整个地方感觉更明亮通风。我真的很喜欢白天时厨房里的气氛；我们听着音乐，气氛通常是一片祥和，每个人都在努力工作，专注于手边的活儿。

我真的很幸运，能有这么美的厨房，有工作这么勤奋的一班工作人员。这个厨房对我意义非凡。

用餐时喝什么?

葡萄酒。当大厨有个好处，就是能喝到很棒的酒。我称不上专家，但我知道自己的口味。家父杜威·杜福雷斯尼（Dewey Dufresne）和顾德温（Glen Goodwin）一起替餐厅选酒。我就放心请他们替我挑一些适合搭配鸡蛋的好酒。

一起用餐的是哪些人?

我的亲朋好友。

由谁来烹调?

我会负责炒蛋和打贝尔尼斯酱，不过我就只做这两样。最后一天，我不管事，其他工作就放心由厨房的同仁打理。

伟利·杜福雷斯尼

出生于美国罗得岛州，毕业于纽约"法国厨艺学院"，并拥有大学哲学学士学位，在美国倡导"分子厨艺"。

主厨餐厅 /// WD-50 ／ WD-50 餐厅（纽约）

编注

1. The Grateful Dead，1965年成立至今的旧金山摇滚老牌乐团，乐风融合了从民谣到迷幻摇滚等多种音乐形式，演唱会上长时间的即兴弹奏为其特色之一。
2. Sauce Béarnaise，传统法式蛋黄酱，极适合用来搭配肉食与蔬菜。除了运用澄清奶油（Clarified Butter）、蛋黄与醋、龙蒿（Tarragon）、红葱头（Shallots）与茴芹（Chervil）的传统做法，尚有不少变化，例如改用红酒醋，或以白酒代替醋，或仅用一般奶油，又或以荷兰芹代替细叶香芹。

你在世上的最后一餐要吃什么？

这问题很难回答。

到"埃布利"餐厅工作是一生难得有一回的经历，我当然会想回到那里。然而，到头来，我最爱吃的东西通常不是在餐厅吃到的。

我在世上的最后一餐，想重现一顿美味的阿斯杜里亚斯[1]风味烧烤餐。我是在阿斯杜里亚斯的塔松尼斯村（Tazones）一座美丽的老磨坊里吃到这一餐。

一开始，我们吃西班牙式马铃薯蛋卷[2]，然后挖一堆又一堆狗爪螺[3]的肉来吃，那可是绝对的美味。接着吃加西红柿和大蒜炖过的Ilámpare（一种像蜗牛的软体动物），然后是大鲽鱼（Rodaballo），用货真价实的炭火烧烤。有几位小伙子是渔民，那天下午从当地海域捕到这顿大餐的重头戏——一种长得简直像史前生物的蜘蛛蟹，叫做"毛足蟹"（Centollo）。它们的身上还缠着海草，新鲜的不得了。我们将螃蟹烤来吃，你无法想象有多好吃！蟹肉甘甜，带着烟熏味。

既然身在阿斯杜里亚斯，所以这一餐的最后要吃牛肉和蓝纹奶酪。阿斯杜里亚斯多雨又苍翠，是养牛的理想环境，产有世上数一数二的优质牛肉，当地的"卡布拉雷斯"（Cabrales）蓝霉奶酪也美味极了。这两样食材是绝配。我们烤了"摩登原始人"式的特大号牛排以示庆祝。

用餐的场景何在？

我想到塔松尼斯的那座磨坊，或是某个和它非常、非常相似的地方。阿斯杜里亚斯有种独特的苍翠之美；那里不乏新鲜的空气，而且闻得到大海的味道。

— JOSÉ ANDRÉS —
荷西·安德烈斯

＊

用餐时喝什么?

几瓶较年轻的Albariño，那是加里西亚[4]产的不甜白葡萄酒，充满果香和花香，酸劲十足，适合搭配所有海鲜。我们也可以喝阿斯杜里亚斯出名的苹果酒；倒酒时，酒瓶需高举过头，边倒还得边转动瓶子，这样可让苹果酒吸收到氧气，让它简直就要变成汽泡酒，因此得趁汽泡消失前，赶快喝下。

有没有音乐?

不需要放音乐，光是谈笑声就足够了。

一起用餐的是哪些人?

我绝对想与我的妻女为伴。

由谁来烹调?

我喜欢为人下厨，因此我会做大部分的菜。我说不定会请我的朋友——"吉拉多之家"[5]的佩德罗·莫朗——帮忙烹调阿斯杜里亚斯著名的炖豆子。

荷西·安德烈斯

生于西班牙阿斯杜里亚斯，早期曾在"埃布利"工作，2005 年起在西班牙电视制作并主持美食节目，目前定居美国，在华府地区经营数家餐厅。

主厨餐厅 /// Jalco 亚尔可（华盛顿地区）// Café Atlantico 大西洋咖啡馆（华盛顿地区）// Minibar by José Andrés 安德烈斯的迷你吧（华盛顿地区）// Oyamel 奥雅默（华盛顿地区）// Zaytinya 柴庭雅（华盛顿地区）

编注

1. Asturias 中世纪为阿斯杜里亚斯王国，今西班牙境内的一个自治区，位于西班牙北部海岸，素以海鲜料理闻名。
2. Tortilla，西班牙蛋卷（Omelette），通常加有马铃薯极薄片或随厨师所欲的其他佐料，多当作冷食的开胃菜或下酒菜。虽与墨西哥玉米饼同字（Tortilla），但为截然不同的东西。
3. Percebe，又名Gooseneck Barnacle，外貌诡异、形似有爪的藤壶类海鲜，获地中海一带国家人民视为珍味，西班牙的加里西亚每年夏天甚至为之举办嘉年华会。
4. Galicia，西班牙自治区之一，位于伊比利半岛西北部，南临葡萄牙，东临阿斯杜里亚斯。生产高品质的葡萄酒，Albariño为其一。
5. Casa Gerardo，位于阿斯杜里亚斯，自1882年创立以来都由莫朗家族经营，专擅阿斯杜里亚斯传统料理，除了1983年获颁西班牙国家厨艺奖（National Prize of Gastronomy）之外，也获得米其林一星加持；Pedro Morán，"吉拉多之家"的主厨暨老板。

你在世上的最后一餐要吃什么？

假如我那时身体健康，而且知道自己即将不久于人世，那么我会想吃些对我有情感性意义的熟悉食物，从中寻求安宁与抚慰。我想我会吃辣味红鲟、虾仁猪肉烧豆腐、炒豌豆苗和白饭，最后来份豆沙锅饼配茉莉香片。

用餐的场景何在？

如果能够在家里吃饭，那会是一件很奢侈的事，因为我难得有空待在家里。这样一来，我就能将自己每天提供给大众的事物，带

166

回私人的天地；大家到我的餐厅来体会我特有的待客之道和餐点，这会儿我可以收归己有，和挚爱的家人分享，亲自传达我对他们的爱和感激。

用餐时喝什么？

非喝香槟不可。我最爱喝香槟了。我会选一流酒庄的上好年份香槟，或许就喝1998年份的Salon香槟[1]或"泰廷爵香槟"[2]。1989年份的"香槟王"[3]也行。

有没有音乐？

我会请我那位既热情又才华洋溢的小提琴家朋友亨利，为大家演奏小夜曲。

一起用餐的是哪些人？

眼下此刻，同伴会是我的家人和好友。如果你问的是我想邀请的梦幻宾客名单，那么我希望在我享用最后一餐前，就已经认识那些人并与他们一起吃过饭了。在仍在世的人当中，我会选择约翰·蓝契斯特[4]；他的小说《欢愉的代价》，将烹饪史上所有脉络一次汇整在我的面前。另一位是戴维·汤普森[5]，他的著作也给了我不少启发，而在最后一餐这样气氛凝重的场合中，他淘气古怪的幽默感会令人很受用。

— CHUI LEE LUK —
陆翠莉

⊕

由谁来烹调?

由我自己动手。"做菜"这个劳动总能令我心平气和并心神专注,而在这个当下,我会比过去任何场合更需要心平气和。这是我最后一次有机会向曾赐予我幸福的手艺道别。

我还另外有个私心。我想象我会表现得一如往常,而且摩摩蹭蹭,没完没了:我该不该用塔斯马尼亚鳌虾取代昆士兰红鲟?要不要加点炸软壳蟹到辣味酱里一起炒?我还会心想:如果把酱汁味道弄淡一点,加点鹅肝,与螃蟹配不配呢?又若在豌豆苗上洒点佩里戈尔松露,会不会好吃呢?

我这一生都怀抱着一个信念,那就是:只要有疑问,就一定要寻求解答;想尝试什么,就一定要去试试看。而我希望,在我吃最后一餐前,人生种种的疑问都已得到解答,这样我便可以专心道别。

陆翠莉(音译)

出生于新加坡的澳洲华裔大厨,拥有艺术和法律两个学位,担任律师一年后辞职投入餐厅业,从厨房学徒做起。

主厨餐厅 **///** Claude's Restaurant 克劳德餐厅(澳洲悉尼)

编注

1. 参见本书第57页之编注2。
2. Taittinger Comte de Champagne,以香槟区汉斯(Reims)为基地的泰廷爵香槟,创立于1734年,此为其旗舰酒款之一,100%以夏多内葡萄酿成(另一为粉红香槟,完全以黑皮诺[Pinot Noir]葡萄酿成),只采用第一次压榨的葡萄液(Cuvée)酿造。泰廷爵为家族姓氏,集团今为法国前250大公司之一,旗下有包括Société du Louvre、Concorde Hotels等,版图横跨酿酒与饭店、餐厅。
3. Dom Pérignon,法国香槟区闻名全球的香槟大厂"酩悦香槟"(Moët et Chandon,隶属LVMH集团)旗下品牌,只有在葡萄丰收佳年才生产,是世界上第一支"顶级香槟"(prestige cuvée),以今人称为"香槟之父"的修道士Pierre Pérignon(1638-1715年)命名。讹传他是香槟的发明人,其实应该说是他改良了酿制汽泡酒的技术。
4. John Lanchester,1962年生的英国记者兼小说家。《欢愉的代价》(The Debt to Pleasure)是他的第一本小说,赢得1996年英国"惠特布列首部小说奖"(Whitbread Book Award)与1997年的"霍桑登奖"(Hawthornden Prize),透过一名男子在法国展开一段神秘之旅时对料理产出的诸多省思,来描述其一生。真相大出所有人意料。
5. David Thompson,美国西部小说(系列)作家。

❧

用餐的场景何在？

我会选择去火星吃我的最后一餐。

倒不是说尘世间的享乐已让我觉得腻了，我之所以想到那么遥远的地方，是因为我旗下的训练暨咨询部门 ADF[1]，受到欧洲太空署和法国太空署的委托，为国际太空站的航天员调理"特殊场合餐点"。

欧洲太空署也请我为进行火星任务的航天员设计餐食。他们不但可在长达数月的航程中食用这些菜肴，甚至可以在抵达火星后种植相关食材，继续食用这些菜肴。

你在世上的最后一餐要吃什么？

我会先吃西西里香蔬（Caponata）。这道西西里特色菜肴的材料有彩椒、西红柿、栉瓜（Zucchini），加蜂蜜和杏仁调味，是一道清淡又美味的开胃菜，地中海风味十足。然后我要吃烤鹌鹑佐马第杭红酒（Madiran Wine）酱汁，让这道菜带我们到我的家乡，也就是法国的西南部。马第杭酒就产自这里。这时，加了肉豆蔻调味、口感滑顺的根芹菜（Celeriac）糊也端上桌。这道菜细腻清淡，和这些小鹌鹑是绝配。最后，以"融于你口"苹果片来结束这一餐。我们为法国太空署航天员设计了一些食谱，当中就有这四道菜，我们称之为"极致享乐之食"。

用餐时喝什么？

我会喝"花之力"（Flower Power）。这是来自地球巴黎"雅典宫"（Plaza Athénée）餐厅的酒水部门主管艾南德兹（Thierry Hernandez）创制的无酒精花式饮品，在有花香味道的水中添加可令人恢复活力的氧气，是未来主义风格的解渴良品。

有没有音乐？

我脑海中大概会浮现一段曲子，那是巴特·霍华（Bart Howard）写于1954年的一首歌曲，10年后由法兰克·辛纳屈唱红——《带我飞上月球》（Fly Me to the Moon）。你听到了吗？

一起用餐的是哪些人？

我会有三位同伴。一位是高山龙浩（Takayama Tatsuhiro，音译），日本大阪一家小餐厅的主厨。这家餐厅的名字颇奇特，就叫"全世界"（Tout Le Monde）。他是日本技艺最纯熟的厨师之一，精通当代西方厨技和日本的千年传统。

第二位是韦济亚诺（Jean-Paul Veziano），是法国地中海沿岸安提布（Antibes）老城区一位不同凡响的面包师傅。他烘制的普罗旺斯脆饼（Pissaladière）保存了普罗旺斯传统。这是一种加了普罗旺斯鱼酱调味的洋葱脆饼，而普罗旺斯鱼酱是由鳀鱼类小鱼盐渍发酵制成的。

还有一位是米诺基（Joseph Minocchi）。他是一位农民，在北加州海尔德斯堡（Healdsburg）经营白鹤泉（White Crane Springs）农场。他种植的鼠尾草、马郁兰等食用香草，以及矿工莴苣（Miner's Lettuce）、水瓮菜（Watercress）等蔬菜，每一样都棒极了。

— ALAIN DUCASSE —
亚伦·杜卡斯

❈

这三位在昨日和今日、土地和餐盘，以及不同的文化之间搭起沟通的桥梁，体现了吃得好、吃得负责任的各种不同态度。

由谁来烹调？

苏里亚克（Alain Souliac）是不二人选。他是我两三年前在法国巴斯克（Basque）地区成立的乡村客栈"欧斯它沛"大厨。在这里，地球上，我在超高科技的实验室中为航天员调理食物，也在同样的实验室中烹调非常传统的农家风格猪血香肠。时尚与传统的不同食物融合于一堂的感觉，很合我的意。不论是在哪种境况当中，这都能刺激我们对食物有不流俗的想法，享受吃东西的乐趣。

亚伦·杜卡斯

出身法国西南部的法国明星主厨，餐饮事业横跨欧、亚、美、非四洲，一度拥有 3 家米其林三星餐厅，是冠有最多米其林星的大厨，目前名下有 6 颗星。

主厨餐厅 /// Le Louis XV-Alain Ducasse 路易十五—亚伦·杜卡斯（摩纳哥）// La Bastide de Moustiers 慕丝提耶农庄（普罗旺斯）// Alain Ducasse au Plaza Athénée 雅典宫的亚伦·杜卡斯（巴黎）// Le Relais Plaza 广场驿站（巴黎）// La Cour Jardin 庭园（巴黎）// SPOON food and wine 汤匙酒食（巴黎）// Bar & Boeuf 酒吧与牛肉（摩纳哥）// Spoon des Îles by Alain Ducasse 杜卡斯的海岛汤匙（模里西斯）// L' Hostellerie de l' Abbaye de la Celle 赛乐修道院小客栈（普罗旺斯）// Spoon at Sanderson 桑德森汤匙（伦敦）// Spoon Byblos 毕伯洛斯汤匙（圣脱沛）// Auberge Iparla 伊帕拉旅店（法国巴斯克地区）// Aux Lyonnais 里昂风（巴黎）// SPOON by Alain Ducasse 杜卡斯的汤匙（香港）// Tamaris 塔玛瑞（贝鲁特）// BEIGE Alain Ducasse 贝吉—亚伦·杜卡斯（东京）// MIX in Las Vegas 米克斯（拉斯维加斯）// La Trattoria Toscana 托斯卡纳小馆（托斯卡尼）// Ostapé 欧斯它沛（法国巴斯克地区）// Le Domaine des Andéols 安戴欧庄园（普罗旺斯）// Benoit 柏诺瓦（巴黎、东京）// Le Relais du Parc 公园驿站（巴黎）// be boulangépicier 柏烘焙杂货坊（巴黎、东京）// Café be au Printemps de la Maison 春天百货家居馆柏咖啡（巴黎）

编注
> 1. Alain Ducasse Formation，亚伦·杜卡斯团队。

亲爱的女士，

感谢赐函。

承您看得起，我十分感动。

然而，我恐惧死亡，职是之故，绝不谈论我的最后一餐！

此事溯本回归到我的人生观：我只谈开始，不谈结束。

亲爱的女士，容我在此致上最深的祝福。

盖伊 · 萨沃伊敬上

盖伊 · 萨沃伊

法国名厨，在巴黎、拉斯维加斯各有一家以其大名为名的餐厅，巴黎的那间更荣获米其林三星，并多次入选《餐厅》杂志的世界 50 家顶尖餐厅排行榜。

主厨餐厅 /// Guy Savoy 盖伊 · 萨沃伊餐厅（巴黎、拉斯维加斯）

RECIPE

食谱目录

ES

鳕鱼奶泡佐蜜汁小洋葱
Cod Foam with Honey-Flavored Baby Onions

4 人份

- 3 大匙（45 毫升）橄榄油
- 4 瓣蒜头，压碎
- ½ 根辣椒
- 10½ 盎司（300 千克）鳕鱼骨与碎肉
- 1 杯（235 毫升）浓鲜奶油 [1]
- 盐和现磨黑胡椒适量
- 2¼ 磅（1 公斤）猪肋排
- 1 杯（235 毫升）葵花油

- ½ 杯（120 毫升）白葡萄酒
- ½ 杯（120 毫升）外加 4 大匙（60 毫升）蜂蜜
- 1 杯（235 毫升）水
- 6½ 大匙（90 千克）翻糖
- 6½ 大匙（90 千克）葡萄糖浆
- 4 个小洋葱〔baby onion〕
- 2 颗鸡蛋

特殊用具

- 1½ 公升容量的 isi 压杆式苏打水瓶〔soda siphon〕
- 1 筒氧化亚氮
- 2 张矽胶烘焙垫〔silpat baking sheets〕

调制鳕鱼奶泡

小火热橄榄油，加进蒜头和辣椒，煎炒至略黄。鱼碎肉下锅，煎炒 1 分钟后加鲜奶油，搅拌一下，转中火，让锅中物保持要滚不滚，煮 15 分钟。整锅东西离火，置冰箱冷藏 6 小时，然后用细目的筛网过滤，一边筛、一边用铲或木匙按压鱼料。如是过滤 3 次。加适量盐和胡椒，将滤好的鱼汁注入苏打瓶中，冷藏 12 小时。

调制蜜香猪肉高汤

烤箱预热至华氏 390 度（摄氏 200 度），将猪肋排切成 3 寸（7 公分半）的长度，置于大烤皿中，倒进一半份量的葵花油，拌一下，洒胡椒调味。把排骨烤到焦黄且熟透，需时约 2 小时至 2 小时半。排骨一烤熟即取出烤盘，放置一旁。立刻将白葡萄酒倒入烤盘中，再小心刮起盘底所有烤肉时留下的渣渍。将烤盘置于炉上，开中火，加进 ½ 杯（120 毫升）蜂蜜，将蜜汁煮浓成焦糖，约 2 分钟。将烤盘中的焦糖蜜浆倒进中号单柄煮锅，加水，以文火煮。让蜜汁保持要滚不滚，煮至汁收干浓缩成一半份量，撇去汁上的浮油，过滤。

调制蜂蜜焦糖

在烤盘（烘焙盘）上铺蜡纸。把翻糖[2]、葡萄糖浆和 4 大匙（60 毫升）的蜂蜜倒入锅子里，开中火煮至以温度计测量为华氏 320 度（摄氏 160 度）。将煮好的蜂蜜焦糖糊离火，倒在蜡纸上，摊平成约 ¾ 寸（2 公分）厚度的一大片，搁置一旁放凉。一等蜜糖糊变凉变硬，就分切成 2 寸（5 公分）见方的方块。将其中一块夹在两张矽胶烘焙垫之间，放到华氏 340 度（摄氏 170 度）的烤箱中烤到蜂蜜焦糖块融化，需时约 5 分钟。用擀面棍隔着烘焙垫，将融化的蜂蜜焦糖擀成 ¼ 寸（½ 公分）厚，趁蜂蜜焦糖还温热时，分切成 10 寸（25 公分）见方的糖片。

调制嫩洋葱

将整粒洋葱放入沸水中汆烫半分钟，捞出，泡冰水冷却。剥掉洋葱皮，务必保持洋葱颗粒完整。在一只小号单柄煮锅中，以小火加热另外 ½ 杯（120 毫升）葵花油，整粒洋葱下锅边煎边不时翻动，将洋葱煎软，需时约 25 分钟。洋葱起锅，置于纸巾上沥油，将每粒洋葱直切成两半。在小号煎炒锅中以中火加热先前准备好的 4 大匙（60 毫升）猪肉高汤，洋葱切面朝下加进锅中，煮约 1 分钟，锅子离火，保温。

调制半熟水煮蛋

将一锅水煮开，加进鸡蛋，煮 3 分钟半后，取出其中一颗，放置一旁；让另一颗蛋多煮一分钟后才取出。等两颗蛋都凉了后，剥壳，将两颗蛋一起大致剁成丁块，加盐和胡椒调味。

上菜

利用压杆式苏打水瓶将鳕鱼奶泡喷到一张浅底圆盘上，沿着盘缘绕成一个圆；将 1 大匙（14 千克）的煮蛋置于圆盘的中心，上头再喷更多的鳕鱼奶泡，盖住蛋面；再将两块半粒洋葱放置于奶泡上，焦的那片朝上。最后将几片碎蜂蜜焦糖片洒在洋葱与奶泡上即可。

编注

1. 即双重乳脂奶油（double cream）。
2. fondant sugar，白砂糖和水加温溶解而成的浓稠糖浆，可形塑成各种造形，多用来制作结婚或生日蛋糕装饰。

鲜干贝佐番茄香草柠檬油汁
Scallops with Sauce Vierge

2 人份

- ⅓ 杯（80 毫升）外加 6 大匙（90 毫升）橄榄油
- 2 颗蕉形红葱头〔banana shallot〕，切成末
- 1 瓣蒜头，切成末
- 1 杯（235 毫升）鱼高汤
- 4 颗圣马扎诺番茄[1]，切成 ½ 寸（1 公分）见方的丁
- 1 颗柠檬的汁

- 1 小匙切碎的新鲜罗勒叶
- 1 小匙切碎的细香葱〔chive〕
- 1 小匙切碎的龙蒿〔tarragon〕
- 粗海盐和胡椒
- 4 颗特大鲜干贝
- 1 小匙（5 千克）奶油

调制酱汁
在大号煎炒锅中以小火热 3 大匙（45 毫升）橄榄油，加进红葱头末和蒜末，炒至葱头变软，约 2 至 3 分钟。接着加进鱼高汤煮，让汁收干浓缩成原本 ⅓ 的份量。汤汁一浓缩至适当程度便加进 ⅓ 杯（80 毫升）的橄榄油、番茄和柠檬汁，用小火煮 4、5 分钟，汤汁需保持要滚不滚。整锅酱汁离火，加进罗勒、细香葱和龙蒿搅拌，加盐和胡椒调味。

调制鲜干贝
趁煮酱汁时，在煎炒锅中以大火加热剩余的 3 大匙（45 毫升）橄榄油，干贝下锅，两面各煎 1 分钟，接着加奶油，将干贝翻炒至通体金黄。

上菜
将干贝盛入两个碗里，淋上酱汁。

译注

1. San Marzano Tomatoes，一种意大利枣形番茄。

※

西班牙辣椒镶千托洛蟹肉
Centollo-Filled Piquillo Peppers

6 人份

千托洛蟹（Centollo）是阿斯杜里亚斯一种长得就像史前生物的大型蜘蛛蟹，简单加以烹调最好吃。首先称好螃蟹的重量，每 3½ 盎司（100 千克）的螃蟹需要 4¼ 杯（1 公升）的水。将大锅中的水煮开，放进千托洛蟹，煮 1 分钟后捞出，切除蟹腿，再把蟹身放回滚水中煮，每 3½ 盎司（100 千克）需煮 1 分钟。好比说，1 磅（½ 公斤）的毛足蟹需用 1⅓ 加仑（5 公升）的水煮 5 分钟。

- 6 粒榛果，压碎
- ½ 小匙切得很碎的洋香菜〔parsley〕
- 1 大匙（5 毫升）西班牙特级橄榄油
- 1 大匙（5 毫升）雪利酒醋
- 1½ 杯（12 盎司／340 千克）煮熟、剔好的千托洛蟹肉
- 盐和白胡椒适量
- 1 罐 8 盎司（225 千克）的整根烤西班牙辣椒〔piquillo pepper，约 12 根〕

在小号煎炒锅中用小火将榛果干烤至略焦黄，边烤边不时翻动，以免烤焦，约 3 分钟。锅子离火，搁置一旁备用。

在搅拌皿中用打蛋器混合搅拌洋香菜末、橄榄油、雪利酒醋和烤榛果，便完成沙拉酱汁。用平铲将蟹肉拌进酱汁中，加适量的盐和胡椒。将调好味的蟹肉塞进辣椒中，上菜。

鹅油松露水煮蛋之花佐辣香肠与椰枣慕思
Boiled Egg and Truffle Flowers in Goose with Chorizo and Date Mousse

4 人份

- 3½ 大匙（50 千克）青葡萄
- 2 大匙（30 千克）紫葡萄
- ½ 杯（120 毫升）外加 5 小匙（25 毫升）特级橄榄油
- 2 大匙（30 毫升）米醋
- ½ 小匙姜粉
- 3 大匙（40 千克）洋香菜末
- 盐和胡椒适量
- ½ 杯（110 千克）椰枣
- 5¼ 盎司（150 千克）外加 2 盎司（55 千克）辣香肠
- 1 杯（235 毫升）水
- 2 小匙蒜末
- 2 大匙（30 千克）切得很碎的郁金菌〔chanterelle mushroom〕

- 2 大匙（30 千克）切得很碎的牛肝菌〔boletus mushroom〕
- 2 盎司（55 千克）切碎的培根
- 1 杯（225 千克）面包屑
- 4 盎司（120 毫升）松露汁
- 3 粒蛋黄
- 4 颗蛋
- 2 小匙（10 毫升）松露油
- 1½ 大匙（20 千克）鹅油
- 1 大匙（15 千克）切碎的葱
- 4 至 5 片茴芹叶[1]，切碎

调制葡萄油醋汁
将葡萄去籽，切成小丁，置于小搅拌皿中。加进 ½ 杯（120 毫升）特级橄榄油、米醋、¼ 小匙姜和 1 大匙（15 千克）洋香菜，加盐与胡椒调味。

调制辣香肠和椰枣慕斯
用食物处理机将椰枣、5¼ 盎司（150 千克）辣香肠、½ 杯（120 毫升）水和剩下的 ¼ 小匙姜打成细糊。置于细目滤网上用刮铲压得更细，静置一旁。

调制蘑菇配料

在煎炒锅中用中火热 3 小匙（15 毫升）橄榄油，加进 1 小匙蒜末与两种蘑菇，将菇炒软，约 2、3 分钟。加进剩余的 2 大匙（25 千克）洋香菜，锅子随即离火。

调制面包屑配料

切碎剩下的 2 盎司（55 千克）辣香肠，连同培根、面包屑和剩余的 1 小匙蒜末加进中号煎炒锅里，用小火炒至金黄。倒入剩余 ½ 杯（120 毫升）的水和松露汁，搅拌一下，以小火再煮 5 分钟。锅子离火，保温。

调制蛋黄

蛋黄加 2 小匙（10 毫升）橄榄油，稍微搅打一下，加盐和胡椒调味。

调制鸡蛋

将 4 小张约 5 寸（13 公分）见方的保鲜膜摊在砧板上。每张保鲜膜上刷一点橄榄油，小心地把蛋打在每张膜的中央。在每颗鸡蛋上滴 6 滴松露油、3 滴鹅油和少许盐，收拢保鲜膜并在顶端打个结，做成小包袱状。将蛋包逐个放在滚水中煮，每包煮 4 分钟半。用捞勺捞出蛋包，剪掉顶端的结，取出鸡蛋，放在盘上，加盖保温。

上菜

将温热的鸡蛋放置在一只方形盘一角，用面包屑和椰枣慕斯在蛋的下方画出两条宽 ½ 寸（1 公分）的并行线。将 1 大匙（15 毫升）的蛋黄液淋在蛋上，再将 1 大匙（15 毫升）的葡萄油醋汁浇在蛋上。最后洒一点碎葱和一小枝茴芹，加上 1 大匙（15 千克）炒菇作装饰。

译注

1. chervil，形似洋香菜，但比洋香菜更美味，长有羽叶，带有淡淡甘草味。又被称为"美食家的洋香菜"（gourmet's parsley），在法国最受欢迎。

❧

卤猪肉沙拉
Braised Pig Salad

6 人份

- ¼ 杯（60 毫升）柳橙汁
- 2 大匙（30 毫升）酸葡萄汁〔verjus〕
- ½ 杯（110 千克）杏桃干，切成 ¼ 寸（½ 公分）见方的小丁
- 1 只卤猪脚，切细条〔参见下面食谱〕
- 1 条卤猪尾，切丁
- 1 只卤猪耳，切丝
- ¼ 杯（60 毫升）外加 2 大匙（30 毫升）保留下来的猪肉卤汁
- 2 颗红葱头，切末
- 2 枝百里香〔thyme〕
- 1 副卤猪嘴
- 3 颗比布莴苣[1]

- 1 杯（225 千克）什锦烹调香草，保留完整的叶片，勿切碎（包括洋香菜、龙蒿、茴芹2、百里香、薄荷、芫荽、细香葱）
- 1 杯（225 千克）黄豆
- ½ 杯（110 千克）无盐去壳开心果
- 盐和胡椒
- 柠檬油醋汁〔参见下面食谱〕
- 5 大匙（70 千克）意大利培根丁〔pancetta〕
- 5 大匙（70 千克）意大利腌猪面颊肉丁〔guanciale〕
- 2 大匙（30 毫升）意大利香脂醋〔balsamic vinegar〕

在小号单柄煮锅中混合柳橙汁和酸葡萄汁，小火煮至将滚不滚，加进杏桃干，煮 3、4 分钟，煮至杏桃开始变软。锅子离火，让杏桃留在锅里冷却，一等杏桃变凉即捞出，搁置一旁备用。

将准备妥当的猪脚、猪尾和猪耳放进中号单柄煮锅中，加进 ¼ 杯（60 毫升）卤汁、红葱头和百里香，小火煮至温热。在一只小号煎炒锅中将猪嘴巴各面都煎黄，起锅，切细丝。

❦

在大碗中混合莴苣、什锦香草、黄豆、开心果和处理过的杏桃，加盐和胡椒调味，淋上一点油醋汁和 2 大匙（30 毫升）卤汁，加猪脚、猪耳和猪尾搅拌均匀。

将培根丁和腌面颊肉丁丢进小锅中，用小火煎至肉丁出油，加进香脂醋。

上菜

将沙拉装盘，上菜前才加入切成丝的猪嘴巴，在餐桌旁将温热的培根油醋淋在沙拉上。

◎ 卤猪脚、猪尾、猪耳和猪嘴

- 2 大匙（30 毫升）葡萄籽油
- 2 根胡萝卜，1 根切碎，一根切丁
- 2 颗洋葱，1 颗切碎，1 颗切丁
- 1 根洋芹（stalk celery），切碎
- 1 根韭葱（leek），切碎
- 4 瓣蒜头
- 1 杯（235 毫升）红葡萄酒

- 1 只猪脚
- 1 条猪尾
- 综合香草包（1 片月桂叶、4 枝百里香、1 小匙黑胡椒粒和 2 粒杜松子）
- 1 只猪耳
- 1 副猪嘴巴

在中号锅子里用中小火热油，加进切碎的胡萝卜、洋葱、洋芹、韭葱和 2 瓣蒜头，炒 4、5 分钟，倒入红酒，让汤汁收干至一半份量。加进猪脚和猪尾，加冷水盖过表面，煮至要滚不滚，撇掉浮沫渣滓。盖上锅盖，小火卤煮约 2 个半小时，卤汁保持要滚不滚，1 小时后加进香草包。先检查猪尾的熟度，如果已经卤软了，先取出，继续将猪脚卤软。把猪尾和猪脚放凉，搁置一旁备用。过滤卤汁，收干浓缩成一半份量，搁置一旁备用。

在中号锅中将猪耳和猪嘴巴煎至略黄，加进洋葱丁、胡萝卜丁和 2 瓣蒜头，煎黄。保留的卤汁下锅，煮至将滚末滚，盖上锅盖，把猪耳和猪嘴巴煮软，捞出放凉。保留卤汁供拌沙拉用。

— DAN BARBER —
丹·巴勃

❧

◎ 柠檬油醋汁

- ½ 大匙法式第戎（Dijon）芥末酱
- ¼ 杯（60 毫升）柠檬汁
- ¼ 杯（60 毫升）柠檬油〔参见下面的食谱〕
- ½ 杯（120 毫升）橄榄油
- 盐和胡椒适量

在中型的碗中混合芥末酱和柠檬汁，加盐和胡椒，慢慢淋入柠檬油和橄榄油，边淋边用打蛋器搅拌。

◎ 柠檬油醋汁

- 4 杯（945 毫升）菜籽油
- 1 小匙柠檬皮丝
- ¼ 束柠檬百里香
- ¼ 根香茅〔lemongrass〕

在中号的单柄煮锅中混合所有材料,置于文火上加热 1 小时,切忌将油煮至沸腾。锅子离火，放凉后将油过滤，置冰箱冷藏备用。

译注
1. Bibb lettuce，结球莴苣的一种，属于球外叶包覆叶球顶的Butterhead lettuce。在欧洲广泛种植。

蜜桃冰砂
Peach Granita

6 人份

- 2 杯（470 毫升）水
- 1 磅（450 千克）未去皮的成熟蜜桃
- ⅓ 杯（75 千克）糖
- 2 大匙（30 毫升）新鲜柠檬汁
- 1 滴香草精
- 装饰用的薄荷叶

在中号单柄煮锅中将水煮开，蜜桃和糖下锅，汤汁保持将滚未滚状态，以小火煮约半小时。让蜜桃留在汤汁里彻底冷却，将整锅连汤带桃用细目滤网过滤，不时刮压桃肉，尽量榨出所有蜜桃汁。将滤好的汤汁倒进不锈钢或玻璃材质的容器里，加柠檬汁和香草精搅拌。冷冻 45 分钟至 1 小时，每 10 分钟就用刮铲将边缘凝结的晶状冰刮到中间。成品的质地须均匀如砂粒。

上菜
将冰砂舀至冰过的玻璃杯里，加薄荷叶装饰。

❧

狂水虾
Shrimp in Crazy Water

4 人份

- 6 大匙（90 毫升）特级橄榄油
- 1 颗中等大小的西班牙洋葱，切成 ½ 寸（1 公分）见方的小丁
- 4 瓣蒜头，切薄片
- 2 大匙新鲜辣椒末
- 1 颗球茎茴香〔Fennel bulb〕，切成 ½ 寸（1 公分）见方的小丁，保留须状叶子
- 1 罐 28 盎司（828 毫升）的罐头西红柿，用手挤碎，汁须保留
- 2 杯（75 毫升）不甜的白葡萄酒
- ½ 杯（120 毫升）海水或 ½ 杯（120 毫升）水加上 1 小匙盐
- 16 只大虾，剥壳但保留头尾
- 现磨黑胡椒

在 6 夸脱（5½ 公升）容量的汤锅中用中火将油热到冒烟，加进蒜片、洋葱、辣椒和茴香丁，拌炒到变软且呈淡金黄色，约 8 至 10 分钟。

加进西红柿、酒和水，煮开。将火力转小，让锅中物保持将滚未滚，煮 10 分钟。虾子下锅，煮至熟透，约 5 分钟。洒现磨黑胡椒调味。

倒进大汤盅里，洒茴香须叶装饰。

✦

墨西哥传统油焖肉
Classic Carnitas

10 人份

在墨西哥，星期天是吃油焖肉的日子。说实在的，不论在墨西哥任何地方，尤其是中部、中西部和米丘亚肯州（Michoacán），星期天走在大街小巷或市集上，就会看到大伙儿用手工铸造的大铜锅在烹煮满满一锅猪油焖猪肉。大块大块看似烤肉的油焖肉是按公斤计价贩卖，用来当薄饼的馅料，佐以酪梨酱、莎莎酱，通常还会配一点仙人掌沙拉一起吃。

- ½ 杯（120 毫升）新鲜青柠檬汁
- 1 大匙盐
- 5 磅（2¼ 公斤）不带骨的猪前腿肉
- 约 4 磅（1¾ 公斤）浓味猪油
- 约 4 打玉米薄饼
- 约 ½ 磅（225 千克）新鲜炸皮渣〔chicharrón，即墨西哥市场上卖的香脆炸猪皮〕
- 4 杯（910 千克）仙人掌沙拉
- 3 杯（680 千克）酪梨酱
- 1 杯（225 千克）辣味莎莎酱

在一个大型容器中混合青柠檬汁和盐，将猪肉切成约 3 寸（8 公分）的厚片，尽量切成相同的厚度，烹调火候才会均匀。把猪肉放进容器中，翻动一下，让肉的每一面都沾到青柠盐汁。盖上容器，腌约 1 小时，不时将肉翻面。

在超大的锅子里用中火融化猪油。我喜欢用 12 夸脱（11 公升）容量的汤锅或 9 夸脱（8½ 公升）容量的荷兰锅[1]；不论用哪种，锅子高度都必须够深，让猪油面离锅沿至少 4 公分，以免热油溅出 。小心将猪肉滑进融化的猪油里，把腌猪肉的容器底部残留的肉汁也刮进锅里。猪油必须完全盖过猪肉。几分钟后，猪油会开始小滚，调节火力让猪油保持嘟嘟冒大泡的小滚状态（不可大滚），不时用长柄夹子搅拌锅子以防黏锅，煮到肉烂得可以用叉子穿透，约需 2 小时。

接下来，转中大火，在锅中油温渐高时继续轻轻搅动肉块。泡泡会变小，锅里会传来油炸的声音，继续煮约 30 分钟，直到肉块外表酥脆金黄。由于猪肉块在油面底下颜色会看来较浅，因此在肉色尚未变深到你喜欢的程度时，需用夹子与菜铲或漏勺取出肉块。将烤箱设定在最低温，油焖肉置于纸巾上沥油，然后移到烘烤盘上，放进温度设定为华氏 200 度（摄氏 90 度）的烤箱中保温。

上菜

蒸热玉米薄饼。将油焖肉均匀摊平在烤盘上，放进华氏 200 度（摄氏 90 度）的烤箱中，烤约 7 分钟，把肉烤热并恢复香脆。

将仙人掌沙拉、酪梨酱和莎莎酱舀至上菜的盅里。把油焖肉盛至先温热过的大盘子上，把肉掰成大块，再堆到一只大篮里。将薄饼盛在垫有布巾的篮子里。

将所有备妥的食材排到自助餐台上，让朋友自己动手取食。你可以在油焖肉旁放一块砧板，并在那儿就位，好帮客人把肉切成适合包饼的适当大小。但我觉得，自己掰下一小块肉到个人的盘子上，然后动手把肉撕成一条条，随兴所至地配上任何所欲的佐料，用薄饼包起来吃，正是这种不拘形式的餐宴乐趣之所在。

注意事项：

把油焖肉包裹好收进冰箱冷藏，可以保存好几天；也可以冷冻保存。热菜时，解开包装，放进华氏 350 度（摄氏 175 度）的烤箱中。

译注

1. Dutch oven，有盖的厚（铸）铁锅，通常用于野营。传说始于美国拓荒时期，一位荷兰工匠应要求打造而成，煎煮炒炸烘烤皆可。

❧

马铃薯与苹果煎饼
Potato and Apple Pancakes

约 5 张煎饼

- 1 磅（450 千克）褐皮马铃薯，削皮
- 1 颗青苹果，削皮去核
- 1 颗大鸡蛋
- ¼ 杯（55 千克）面粉
- 盐和黑胡椒

- 煎炸用的菜籽油
- 酸化鲜奶油（可略）
- 鱼子酱（可略）

用食物处理机将马铃薯和苹果一起打碎，动作必须快，以免果肉变褐。移至滤锅或滤网上，用刮刀压，滤除多余的汁液。滤好的果肉倒至搅拌皿中，加鸡蛋和面粉，搅拌均匀，加适量盐和胡椒调味。

在大的不沾锅中热油，油需盖过整个锅底。将面糊舀至锅里。煎饼的尺寸，视个人喜好决定，但要注意每张煎饼不可排得太靠近。两面煎炸至香脆金黄，每面各煎 2 分钟左右。置于纸巾上沥油。

在煎饼上加一点酸化鲜奶油（crème fraîche）和鱼子酱，上菜。

✳

布朗克妈妈的苹果塔
Maman Blanc's Apple Tart

4 人份

回想儿时，这道甜点曾以各种不同的面貌出现，为我家增添了不少光辉。这次我用的是苹果，但改用蜜李或樱桃也是同样美味。就用最好的时令水果吧。

- 1 杯（225 千克）中筋面粉
- 11 大匙（155 千克）无盐奶油，切小丁，取出冰箱使降至室温

- ¼ 小匙海盐
- 1 颗大的有机蛋
- 6 颗考克斯〔Cox〕、渥斯特〔Worcester〕或布莱本〔Braeburn〕苹果，削皮去核，每颗切为 8 瓣
- 2 大匙外加 2 小匙白细砂糖或特细砂糖
- 1 大匙（15 毫升）柠檬汁
- 2 小匙糖霜

调制面团

在大搅拌皿中用手搅和面粉、8 大匙（115 千克）奶油和盐，直到材料混合成如砂粒般质地。在面粉中间挖一个井状凹陷，打入一个鸡蛋。将奶油面粉和鸡蛋糅合成球形面团。在烹调台上薄薄洒一层面粉，用手揉面团，将所有材料糅合均匀，揉面的时间最多半分钟。小心不要揉太久，以免揉出面筋，使得烤出的塔皮失去酥脆口感。

调制塔皮

烤箱预热至华氏 425 度（摄氏 220 度），将面团擀成 2 公厘薄的面皮。用直径 7 寸（18 公分）的圈形烤模套压上面团。将面皮连同烤模放到已铺好蜡纸的盘子上，冷藏 20 分钟。接着把苹果一瓣挨着一瓣，紧紧排在面皮上。融化剩余的 3 大匙（40 千克）奶油，加进 2 大匙白细砂糖和柠檬汁混合。将此奶油柠檬糖汁刷在苹果上，把苹果塔放进预热好的烤箱烤 10 分钟。

把烤箱温度调降到华氏 375 度（摄氏 190 度），再用剩余的奶油柠檬糖刷在苹果上，继续烤 20 分钟，将苹果塔烤成淡黄褐色，苹果变软且焦黄。自烤箱取出苹果塔，放凉一会儿，洒上糖霜，趁温热端上桌。

烤马铃薯镶松露

Roasted Potatoes with Stuffed Truffles

4 人份

- 4 颗大的马铃薯
- 4 大匙（55 千克）奶油
- 盐
- 2 大匙（30 千克）红葱头末
- 3½ 大匙（50 毫升）褐黄色波特酒〔tawny port〕
- 6¾ 盎司（200 毫升）松露汁

- 1⅔ 杯（400 毫升）浓缩肉高汤
- 2 大匙（30 千克）葱花
- 胡椒
- 4 颗松露，每颗重 1½ 盎司（40 千克）左右
- 3 大匙（45 毫升）浓鲜奶油〔双重乳脂奶油〕

调制马铃薯

烤箱预热至华氏 300 度（摄氏 150 度），马铃薯削皮后，用小刀修成长 2 寸（5 公分）左右的圆柱形，用刀在马铃薯的顶端修凿出小花形状。用水果挖球器挖空马铃薯，圆周边缘和底部留下 ¼ 寸（½ 公分）厚的薯肉。
用奶油涂抹马铃薯，依个人喜好的份量洒上盐，送进华氏 300 度（摄氏 150 度）的烤箱，烤熟至金黄色，约 20 分钟。

调制酱汁

在小号单柄煮锅中以小火融化 2 大匙（10 千克）奶油，加进红葱头末，煎炒至变软且透明，这时倒进波特酒，浓缩收干至剩下约 1 大匙（15 毫升）的汁液，再加入松露汁和肉高汤，继续煮到酱汁收干至原来的一半份量。过滤酱汁，搅进 1 大匙（15 千克）的葱花，加盐和胡椒调味。

调制镶松露

将松露清理干净，将每颗松露从顶端切下一片，搁置一旁留待当盖子用。用小茶匙挖空每颗松露，将挖出来的松露剁成细末后，放进很小的锅子里，加进剩余的 1 大匙（15 千克）葱花和浓鲜奶油，用小火加热收干 2 分钟，加盐调味。
在小号煎炒锅中以小火热 1 大匙（15 公分）奶油，煎炒已挖空的松露 2 分钟，边煎边不时翻动。加盐和胡椒调味。将松露连同锅中的汁搁置一旁备用。

上菜

将松露奶油末填进炒好的中空松露当中，再将镶好的松露塞进烤马铃薯中。用华氏 250 度（摄氏 120 度）的烤箱热镶好的松露马铃薯，直到热透，需时约 5 至 7 分钟。舀一匙酱汁至盘中央，将热好的镶松露马铃薯放到酱汁上。

❦

香蕉奶油派
Banoffee Pie

12 人份

- 2 罐 14 盎司（415 毫升）的炼乳
- 1½ 杯（340 千克）中筋面粉
- ½ 杯（110 千克）外加 3 大匙糖霜，但也可以更多
- ½ 磅（225 千克）冰的无盐奶油，切成 ¼ 寸（⅔ 公分）的小丁
- ¼ 小匙盐

- 3 粒蛋黄，略打散
- 8 至 10 根香蕉
- 2 杯（475 毫升）浓鲜奶油〔双重乳脂奶油〕
- 1 根香草豆荚的籽
- 3 大匙（40 千克）黑巧克力

调制馅料
将整罐炼乳放进锅里，倒水至淹过罐头，将水煮开，让罐头在滚水中煮 4 小时。必须随时检查水位，让水面从头到尾都淹过罐头。将煮好的罐头从锅中取出，放凉一晚。

调制派饼面团
面粉过筛至搅拌皿中，加进 ½ 杯（110 千克）的糖霜、奶油丁和盐，用手和面，直到质地变得像细面包屑，这时加进蛋黄，继续和面，使蛋黄和面粉混合均匀，面团光滑。将面团塑成圆球形，用保鲜膜包起来，进冰箱冷藏 1 小时。

将面团切成 2 或 3 大块，用粗孔的刨丝器将面团刨至一只 11 寸（28 公分）派饼模型（tart pan）的底部，压成均匀的一片盖住盘底，顺势推高至模型边壁。盘底的派饼应不到 ¼ 寸（⅔ 公分）厚，边壁的派饼厚度则为 ½ 寸（1 公分）。用叉子在盘底的派皮上戳洞，然后将整盘派饼冷冻 15 分钟。

做派饼
将派饼送进华氏 350 度（摄氏 175 度）的烤箱中烤 15 分钟，或至派饼通体焦黄。让派饼冷却。

接着，将剥好皮的香蕉斜切成片，沿着圆周将半数的香蕉片铺在烤好的派饼底部，从外向内一圈圈排。将已煮成黄褐色牛奶糖的炼乳舀到派面上，份量宜多，均匀抹平，盖住香蕉片。再铺一层香蕉片，用保鲜膜覆盖整个派，进冰箱冷藏 15 分钟。

趁着冷藏派饼的时候，混合鲜奶油、香草豆籽和 3 大匙左右的糖霜，打发至膨胀且柔软。从冰箱取出派饼，将发泡鲜奶油抹在派面，整个盖过顶层的香蕉，洒上巧克力屑，将派饼放进冰箱冷藏备食。

— D A N I E L   B O U L U D —

丹尼尔 · 布卢

鱼子酱佐马铃薯与酸化鲜奶油
Caviar with Potatoes and Crème Fraîche

2 人份

我希望亚伦 · 杜卡斯能为我的最后一餐设计菜单并主厨。这一餐开动前，只适合吃简单又高尚的东西；它只需最低限度的调理，材料却是再精美细致也不过的。我可以自己一个人就吃掉 200 千克的鱼子酱，但在开始享用亚伦的餐点前，我乐于和某位欣然赴宴的伙伴分享。

- 盐，煮马铃薯用
- 12 颗小的德国奶油球马铃薯或育空黄金马铃薯[1]，洗净
- 3½ 至 7 盎司（100 至 200 千克）黄金中粒鱼子酱〔golden osetra〕或小粒鱼子酱〔sevruga〕
- ½ 杯（110 千克）有机酸化鲜奶油
- 1 颗柠檬，切成四片
- 1 大匙细香葱末

在中号单柄煮锅里注入足以淹过马铃薯的水，加盐煮开后加进马铃薯煮至软，约 8 至 10 分钟。捞出马铃薯，一切为二。取来高雅的篮子或器皿，铺上亚麻质料的餐巾，将煮好的马铃薯置于餐巾上包起来，保持温热。

将整罐鱼子酱放在碎冰上，连同酸化鲜奶油、柠檬和细香葱末一同上桌。附上珠母贝材质的匙子供舀鱼子酱用，让人自行取用这道以马铃薯、鱼子酱和酸味鲜奶油组成的开胃小点。

译注

1. German Butterball and Yukon Gold potatoes，这两种都是较适合水煮、质地较不粉的马铃薯。

197

烤骨髓与洋香菜沙拉
Roast Bone Marrow and Parsley Salad

3 人份

- 12 块 3 寸（7½ 公分）长仔牛髓骨
- 1 把平叶洋香菜[1]，摘掉叶片
- 2 颗红葱头，去皮，切成很薄的片
- 2 大匙（30 千克）酸豆〔capers〕
- 2 大匙（30 毫升）特级橄榄油
- 一颗柠檬的汁
- 粗海盐
- 现磨黑胡椒
- 佐髓骨的烤面包

调制骨髓

将髓骨置于耐烤箱高温的煎锅或烤皿中，送进华氏 450 度（摄氏 230 度）的烤箱中烤。烤 20 分钟上下，视骨头的厚度斟酌。烤好的骨髓质地应该易于刮取且松软，但并未融化。骨髓烤太久可是会融化的。按照传统作法，需将骨头两端包起来以免汁液渗出，但是我喜欢将两端烤得焦黄香脆。

调制洋香菜沙拉

趁烤骨头时，稍微剁碎平叶洋香菜，几刀即可，与红葱头片、酸豆拌合。临上菜前淋橄榄油、柠檬汁，洒盐和胡椒拌匀。

上菜

这道菜不可以在厨房内就搞定整套调味程序，而应将最后一刻的调味交给用餐者自己来。我的吃法是从骨头中刮出骨髓，抹在烤面包上，洒上粗海盐，然后在上头放一小撮洋香菜沙拉，再大快朵颐。当然，一旦骨头、沙拉、面包和盐都摆在你面前了，要怎么吃，随你高兴。

编注

1. 洋香菜（Parsley），荷兰芹为另一常见的译名，种类多达30种，可分为卷叶与平叶。平叶洋香菜（Flat-Leaf Parsley）又名意大利洋香菜（Italian Parsley），深受专业大厨喜爱，味道较其他洋香菜浓郁，富含维他命A与C。

酱油醋汁罗勒鲔鱼

Basil-Infused Tuna with Soy Vinaigrette

4 人份

- 1 磅（450 千克）生鱼片品质的鲔鱼，一整块
- 1 把罗勒
- 盐和胡椒
- 2 大匙（30 毫升）特级橄榄油
- 2 小匙（10 毫升）酱油
- 2 小匙芥末籽
- 1 颗青柠檬的汁
- 佐餐的综合沙拉生菜

调制鲔鱼

把鲔鱼切成 4 块同样大小的鱼排。摘下罗勒叶，将叶片用滚水氽烫一下，随即投入冰块水里，再沥水备用。鲔鱼排洒上盐和胡椒调味后，小心地用罗勒叶包覆起来。鱼排上锅蒸 45 分钟，但只是蒸热，不是蒸熟。

调制油醋汁

将橄榄油、酱油和芥末籽置于搅拌皿中，用打蛋器打匀，加进适量的青柠檬汁调味。

上菜

将油醋汁刷在蒸好的鲔鱼面上，底下垫综合生菜，就可以上菜了。

❀

印度香料茶烤布蕾
Masala Chai Crème Brûlée

6 人份

- 1 大匙（15 千克）阿萨姆大吉岭茶叶
- 4 杯（900 毫升）浓鲜奶油〔双重乳脂奶油〕
- 2 杯（450 千克）糖，外加更多洒在布丁上的份量
- 1 小匙印度香料茶的香料
- 10 粒蛋黄
- 2 个蛋白

将茶叶置于一张方形细棉纱布的中央，用一根厨用棉线绑成包袱形茶包。将茶包放进中号单柄煮锅中，注入浓鲜奶油，加热煮至锅边冒出小泡泡。这时加进 2 杯（450 千克）的糖和香料搅拌，边煮边搅拌到糖完全融化。锅子离火，加进蛋黄，用打蛋器搅打，再用细目滤网过滤奶油汁。在搅拌皿中打发蛋白，使发泡呈柔软的状态。将打好的蛋白拌入滤好的奶油汁中。

把容量 6 盎司（175 毫升）的烤模放进至少有 1 寸（2½ 公分）深的烤盘或烤皿中，将奶油蛋汁倒进烤模中，在烤盘中加热水至烤模外部一半的高度，送进华氏 300 度（摄氏 150 度）的烤箱中烤 30 至 35 分钟，烤至布丁凝结成形。将此奶油布丁放凉，接着在每个布丁的表面洒上糖，用火炬喷枪将顶层的糖烤焦成脆片。

❦

煎炙鹅肝佐青苹果炖饭
Seared Foie Gras and Green Apple Risotto

4 人份

- 5 大匙（75 毫升）特级橄榄油
- 3 颗小的红葱头，切成末
- 少许红辣椒末
- 1 杯（225 千克）维亚洛内拿诺〔Vialone Nano〕米，或阿柏里欧〔Arborio〕米 [1]
- ½ 杯（120 毫升）不甜的白葡萄酒，例如苏维浓白酒（Sauvignon blanc）
- 4 杯（945 毫升）低盐鸡高汤，保持要滚不滚的热度

- 1 杯（225 千克）削皮并切丁的青苹果
- 4 片鹅肝，每片 ¾ 寸（2 公分）厚
- 粗盐和现磨的黑胡椒
- 8 枝新鲜百里香
- 1 大匙（15 千克）无盐奶油
- 2 大匙（30 千克）帕玛干酪屑
- ⅓ 杯（80 毫升）浓缩醋，用意大利香脂醋来制作（参见下面的食谱）

在厚底的大煮锅里，用中火将 3 大匙（45 毫升）橄榄油烧热，加进一半的红葱头末与辣椒末，炒到红葱头末略变黄，约 2 分钟（如果红葱头快变焦了，就将锅子从炉火上移开）。白米下锅，转中大火，拌炒 1、2 分钟，炒到每粒米都沾到油。倒入 ¼ 杯（60 毫升）的白葡萄酒，煮到酒几已完全被米吸收（但不能煮到锅中水份全干）。

舀一两勺热鸡高汤到锅里，不断搅拌，直到汤汁几已完全被米吸收。保持中大火，就让锅内的炖饭直冒泡，没有关系。要判断是否应该再加汤，可以用汤匙划锅底，如果汤汁没有立刻填满刮出的空隙，这时就需要加汤。煮 15 分钟后，将青苹果丁下锅，再加 1 勺高汤、剩余的 ¼ 杯（60 毫升）葡萄酒和 1 大匙（15 毫升）的橄榄油。继续煮饭，视情况再加更多的汤，不时搅拌，直到炖饭看来质地如奶油般浓稠但饭粒仍保持弹牙口感，需时约 20 至 25 分钟。

煮饭的同时，预热烤箱到华氏 250 度（摄氏 120 度）。用大火烧热一口耐烤箱高温的大煎炒锅。鹅肝两面洒盐和胡椒调味，当锅子烧得很热时，将鹅肝下锅，将一面煎至焦黄。此一过程历时不过几分钟，而且会逼出很多的油。鹅肝一出油，就把剩余的红葱头末和百里香加进锅里。将鹅肝翻面，连同煎锅一同放进烤箱里烤几分钟，让鹅肝在烤箱中完成烹调，这时可以开始料理炖饭的最后程序。

✦

整锅炖饭离火，静置 30 秒。浇上剩余的 1 大匙（15 毫升）橄榄油、奶油和干酪，用木匙将炖饭搅拌均匀且有黏性。需要的话，可以加盐调味。

上菜

将炖饭均分到 4 个有边的盘子或宽口的浅盅（须先温热）里，沿着炖饭的周边淋上浓缩醋，并铺上一片鹅肝。从煎锅里舀一点油淋在鹅肝上，再摆上煎香的百里香，立刻上菜。

◎浓缩醋

可做 ⅔ 杯（160 毫升）

这款酱汁的作法很简单，味道饱满，还有似有若无的香药草味。你可以事先做好，拿来淋在简单煎烤过的牛肉、羔羊肉或鸡肉上。我特别喜欢用来佐涂抹过香料煎烤的羔羊肉。

- 1 小匙（5 毫升）橄榄油
- 1 颗红葱头，切薄片
- 1 枝百里香
- 少许红辣椒末
- 3 大匙（45 毫升）意大利香脂醋或红酒醋
- ¼ 杯（60 毫升）低盐鸡高汤
- 1 杯（235 毫升）浓缩鸡汁，加水稀释直到为比鸡高汤略浓一点

在小号单柄煮锅内用中火加热橄榄油，加进红葱头、百里香和红辣椒，炒到红葱头末变金黄。倒进醋，将火力转成中大火，把醋收干浓缩成一半份量，注入鸡高汤和浓缩鸡汁，煮到汤汁浓缩到稍微变稠，约 15 分钟。

译注

1. 两种都是适合做炖饭的意大利圆米。

熏鲑鱼佐荞麦薄饼
Buckwheat Blini with Smoked Salmon

25 个薄饼

这是一道作法简单、以食材为基底的菜色。荞麦薄饼若做得好，整道菜便会美味非凡。饼的边缘必须脆，也得趁热上桌。如果有用不完的面糊，可以把荞麦薄饼煎得大一点，像一般的早餐煎饼那么大。配上枫糖浆，很好吃。

第一个搅拌皿
- 1 杯（225 千克）中筋面粉
- 1 大匙糖
- 1 大匙或 1 小包干酵母粉

- 1 杯（235 毫升）牛奶

第二个搅拌皿
- 1 杯（225 千克）荞麦粉
- 2 小匙粗盐
- ¾ 杯（175 毫升）牛奶
- 2 粒蛋黄
- 2 个蛋白
- 4 大匙（60 毫升）浓鲜奶油〔双重乳脂奶油〕
- 煎饼用的澄清奶油〔clarified butter〕或蔬菜油

调制面糊
分别在两个搅拌皿中混合干料。将牛奶加热到如体温的热度，约华氏 94 度（摄氏 35 度）。在第一个搅拌皿中，将 1 杯（235 毫升）温牛奶倒进干料中搅打，搁置一旁备用。

混合蛋黄和 ¾ 杯（175 毫升）温牛奶，稍微打一下就倒入第二个搅拌皿的干料中搅打。用保鲜膜包覆两个搅拌皿，不要放进冰箱，让面糊醒 1 个小时。过了 1 小时，第一皿中的面糊应已冒出不少气泡，将两种面糊用刮铲刮进另一个大皿中。将蛋白打到发泡松软，拌入面糊中。接着将鲜奶油也打到发泡呈柔软的状态，轻轻拌入蛋白面糊中。用保鲜膜包覆大皿，让面糊醒 1 个小时，同样不可放进冰箱冷藏。

做煎饼
把油倒进不沾锅，让锅底有一层薄薄的油，用中火烧热，舀 1 大匙（15 毫升）面糊到热油里，油需热得让面糊一下锅即开始变熟。煎至饼缘变焦黄，翻面，将这一面也煎黄。把煎好的薄饼置于纸巾上沥油。

上菜
在每个薄饼上加一小球的酸化鲜奶油、一点鱼子酱和薄片熏鲑鱼或鲟鱼，趁热上桌。

❧

吾友苏西做的天下无双炸薯片

My Friend's Susie's Best French Fries in the World

8 人份

- 6½ 磅（3 公斤）褐皮马铃薯
- 1 加仑（5 公升）葵花油
- 海盐适量

马铃薯洗净，削皮，切成约 ½ 寸（1 公分）的厚片。一次处理一把薯片，将之置于纸巾上吸水，直到薯面不再渗水。

中火烧热大锅中的葵花油，将油温热至华氏 340 度（摄氏 170 度）。马铃薯分批下锅，一次只炸一些，油炸 7 分钟。立刻捞出油锅，置于纸巾上沥油。这时的马铃薯颜色是白的，并未炸熟。

准备要吃以前，将马铃薯投入同一锅华氏 340 度（摄氏 170 度）的热油中，炸 6 分钟后，薯片应已通体金黄且香脆。洒上海盐调味，立刻端上桌。

香料煮茄
Chowk Wangun

4 人份

- 1 个大茄子
- ¼ 杯（60 毫升）外加 3 大匙（45 毫升）蔬菜油
- 2 粒丁香
- ¼ 小匙阿魏[1]
- 4 大匙（55 千克）磨成粉的烤茴香籽
- 1 小匙姜粉
- 2 大匙干芒果粉

- 1½ 大匙红辣椒粉
- 2 小匙姜黄粉
- 1 小匙（5 毫升）水
- 1½ 杯（340 千克）西红柿细丁
- 盐和胡椒适量

茄子洗净后，纵切成 4 大片。开中火，在大号煎炒锅中热 3 大匙（45 毫升）蔬菜油，茄片下锅，煎软。中间需翻面一次，两面各煎 3 分钟左右。茄子煎好后，搁置一旁备用。

在另一只煎炒锅里，以小火热 ¼ 杯（60 毫升）蔬菜油，加进丁香、阿魏、茴香粉、姜粉、芒果粉、红辣椒粉、姜黄粉，以及水。炒 1 分钟，不断搅拌以免香料烧焦。西红柿细丁下锅，煎炒 7、8 分钟，将西红柿丁炒软。这时将茄片下锅，和西红柿、香料拌合，煎炒至茄片热透，锅子离火，加盐和胡椒调味。

译注
1. Asafetida，又名Hing，一种常见于印度菜中的药用树胶脂。

❉

"融于你口" 苹果片

Melt-in-Your-Mouth Apple Slices

10 人份

- 2 磅（910 千克）金冠苹果〔Golden Delicious apple〕
- 3½ 大匙糖
- 1½ 小匙浸渍过香草豆荚的糖
- 2 大匙（30 千克）奶油
- 8½ 大匙（125 毫升）苹果甜酒

将苹果洗净、削皮并去核，接着对切为 4 片。把苹果片放进大搅拌皿中，加入糖和香草糖，使之完全覆盖住苹果。

在大号煎炒锅中用小火融化奶油，将奶油煎至略呈焦黄，加进包覆着糖的苹果片和奶油拌炒均匀。小心别把糖炒焦。淋入苹果甜酒，点火使酒精燃烧，火一熄灭就取出苹果片，放到置凉架上，架下垫一面烤盘。苹果冷却后，移到烤盘上，放进已预热至华氏 250 度（摄氏 120 度）的烤箱烤到软且有点湿润，烤约 20 分钟。趁热食用。

汉堡食谱
The Burger Recipe

4 人份

说到汉堡，大体上我算得上恪守传统。这年头，汉堡上头时兴加上各式各样的配料，但我都不怎么喜欢。对我而言，莴苣、西红柿都不需要，连面包也不必。我心目中的完美一餐，就是一块从头到尾包覆着美国奶酪、半生不熟的带血汉堡。不过，偶尔我也会在我的汉堡上加一样非常堕落也非常美味的东西，那就是太阳蛋。热热软软的蛋黄和牛肉汁、融化的奶酪混合在一起时，世间种种都显得万般美好。这不中看却可口的组合，不管当早餐、午餐或晚餐，通通都行。

- 1½ 磅（680 千克）牛绞肉，其中前腿或后腿肉占八成，沙朗肉占两成
- 4 颗鸡蛋，只煎一面成太阳蛋
- 4 片美国奶酪（加工奶酪）
- 盐和胡椒适量

汉堡要好吃，首先得选牛肉味道饱满的部位。前腿绞肉和后腿绞肉都风味十足，肉味饱满，而且我觉得，若预算充足，掺上一点沙朗牛肉会很不错。我建议用八成的前腿或后腿肉加上两成的沙朗，可以均衡整体的风味。另一个重点是油脂的含量。请肉贩给你含脂量在 15% 到 20% 之间的牛绞肉，这样的味道最好。1 磅半的牛绞肉，加盐和胡椒调味后，可供 4 人食用。

捏制汉堡时请记住，用手捏塑肉饼的时间应愈短愈好（想想在揉派皮面团时是怎么做的就对了）。要炙烤抑或煎炙肉饼，随个人喜欢，再在每块汉堡上加一片美国奶酪和煎太阳蛋（夹不夹面包也随你便，但一定得备妥餐巾）。

❦

泰勒的终极炸鸡
Tyler's Ultimate Fried Chicken

4 人份

- 1 只 3 至 4 磅（1 至 1¾ 公斤）的鸡，剁成 10 块
- 粗盐
- 3 杯（680 千克）中筋面粉
- 2 大匙大蒜粉
- 2 大匙洋葱粉
- 2 大匙甜红椒粉 [1]

- 2 小匙辣椒粉
- 现磨黑胡椒
- 2 杯（475 毫升）白脱酸奶 [2]
- 2 大匙（30 毫升）辣椒酱，例如泰式辣椒酱〔sriracha〕
- 油炸用的花生油
- ¼ 把新鲜百里香

- 3 大枝新鲜迷迭香
- ¼ 把新鲜鼠尾草
- 2 片新鲜月桂叶
- ½ 颗蒜头，将蒜瓣拍扁，但不要剥皮
- 上菜时附的柠檬片

鸡块置于大碗中，倒水盖过鸡块，加盐，每 1 公升水加 1 大匙。加盖后送进冰箱腌泡至少两小时或过一夜。

在大的浅盘中将面粉、蒜粉、洋葱粉、甜红椒粉和辣椒粉混合均匀；慷慨地加盐和胡椒调味。在另一只大盘中混合白脱酸奶和辣椒酱，加盐和胡椒调味。

捞出鸡块，拍干。一次处理几块鸡，将鸡块先蘸取上述的香料面粉，再浸白脱酸奶汁，然后再次蘸面粉。将鸡块搁置一旁备用后，准备起油锅。

在大的深锅里倒进约 3 寸（8 公分）高的油，油的高度不能超过锅深度的一半。把百里香、迷迭香、鼠尾草、月桂叶和蒜头加进冷油中。将油炸用温度计夹在锅里，用中大火将油加热到华氏 350 度（摄氏 175 度）。随着油温升高，香草和蒜头会让油变香。

将鸡块分批小心地加进油锅里，一次炸 3、4 块。油炸时必须将鸡块翻面 1 次，使鸡块通体金黄且熟透，炸 20 分钟左右。鸡块炸好后，用大漏勺捞出鸡块，尽量甩去多余的油份。将鸡块放在纸巾或牛皮纸袋上吸油，洒上盐和一点现磨黑胡椒，再将炸过的香草和蒜头放在鸡块上，附上柠檬片，趁热端上桌。

编注
1. Paprika，红椒或青椒研磨而成的香料，多用来为菜肴增添色彩与风味。在欧洲也多用来指生鲜的甜椒。美国加州生产的称为甜红椒（Sweet Paprika），闻起来有甜味，西班牙产的则是有烟熏味的烟熏红椒（Smoked Paprika）。语出匈牙利文。
2. Buttermilk，制造奶油过程中分离出的液体，带有某种特别的酸味，即传统白脱酸奶（traditional buttermilk）。今亦有加入乳酸或适当的菌种以制造甜味的人工白脱酸奶（cultured buttermilk）。

大蒜、红葱头、辣椒炒意大利青花菜

Italian Broccoli with Garlic, Shallots and Chili

4 人份

- 2½ 大匙外加 2 小匙盐
- 1½ 磅（680 千克）嫩意大利青花菜
- ½ 杯（120 毫升）特级橄榄油
- 3 瓣蒜头，切薄片
- 2 颗红葱头，切薄片
- 1 小匙新鲜百里香
- 1 根小红辣椒（chili d'arbol），斜切成薄片

1 加仑（3¾ 公升）的水加入 2½ 大匙的盐，煮到沸腾。青花菜入滚水汆烫 1、2 分钟，到口感弹牙即可，摊在大盘子或烤盘上放凉。

在大号的厚底煎炒锅中用大火烧热 ¼ 杯（60 毫升）橄榄油，加进蒜片、红葱头、百里香和辣椒，炒几分钟，直到红葱头片变透明且快要变焦黄。

青花菜下锅，加 1 小匙盐，不断翻炒，以免红葱头变焦。加进剩余的 ¼ 杯（60 毫升）橄榄油，拌炒 2 分钟。加入剩余的 1 小匙盐调味。

〇〇

嫩炒蛋
Soft Scrambled Eggs

2 人份

- 4 颗大鸡蛋
- 2 大匙（30 毫升）浓鲜奶油〔双重奶脂奶油〕
- 1 大匙（15 千克）含盐奶油
- 粗盐
- 现磨黑胡椒
- 1 小匙现剁碎的平叶意大利洋香菜[1]

将蛋打进浅盅里，用叉子打散，加入奶油一起打，使混合均匀。在小的不沾锅里用小火热奶油，使奶油起泡，倒进适才打好的奶油蛋汁，用铲子不断用力搅拌，直到炒蛋凝结但仍柔软，且颗粒都很细小。炒蛋看起来应如奶油般浓稠、湿润，色泽偏白。拌炒的时间可能比你预期得还要久，因为不断地搅拌会使得蛋没那么容易熟。

将炒蛋舀到温热的盘子上，加盐与胡椒调味，并洒上许多现剁的洋香菜末。

译注
1. 参见本书第198页之编注。

❧

沙巴雍蛋黄甜酒酱
Zabaglione

8 人份

- 12 块意大利杏仁脆饼〔amaretto biscuit〕
- 1 盎司（30 毫升）白兰地
- 1 盎司（30 毫升）威士忌
- 10 粒大的蛋黄
- 1 杯（225 千克）白细砂糖或超细砂糖
- 1 杯（235 毫升）甜的葡萄酒，例如马莎拉〔marsala〕或蜜丝卡黛〔muscatel〕

用擀面棍压碎杏仁脆饼，放进搅拌皿中，加白兰地和威士忌拌匀。在 8 个马丁尼酒杯或其他种类玻璃杯的杯底铺上一层饼屑，搁置一旁备用。

在大锅中倒入清水至半满，煮滚。准备好一个大得可以卡住锅缘、悬浮在水面上方的大碗。先将蛋黄、糖加入碗里，用打蛋器打匀，接着加进甜葡萄酒，打到与蛋黄和糖合为一体，再把整个碗放到该锅滚水上方。注意：水面不可触及碗底。不断搅打蛋黄酒汁，使之浓稠起泡，约打 10 至 15 分钟。拿打蛋器在表面划一下，如果能划出一道线条，就表示酱已打好，将之倒入备妥的玻璃杯里。

沙巴雍蛋黄酒酱可以热食，也可以收进冰箱冷藏一夜后再吃。

海胆
Sea Urchins

活海胆，1 人至少 1 颗

用厚毛巾或手套护手，以免被刺伤。海胆背部朝下，拿利剪或厨房剪，剪刀尖端对准海胆嘴部的软质部分刺入，沿着嘴部剪一圈，剪出一个足以插入小茶匙的洞口。剔除海胆嘴部与任何碎壳渣滓，立刻上桌。让大伙儿自己动手从布满尖刺的壳里挖出橘红色的美味海胆大快朵颐。

保罗的佩里戈尔黑松露奶油面
Paul's Buttered Noodles with Perigord Black Truffles

4 至 6 人份

- 2 杯（450 千克）中筋面粉
- 3 粒蛋黄
- 1 小匙盐
- ¼ 杯（60 毫升）水
- 1 大匙（15 千克）奶油
- 4 至 5 片龙蒿叶
- 盐和胡椒适量
- 4 颗佩里戈尔黑松露

将面粉倒入大搅拌皿中，在面粉堆中央挖个小坑，将蛋黄和盐加入坑里，用手和面。分两次加水，一次加 2 大匙（30 毫升），把面和成硬挺、易揉易擀的一团。将面团分成 4 球，逐一用制面器压成如扁舌面（linguini）般厚度的面皮，再把面皮切成 1½ 寸（4 公分）宽的宽面后，将面条摊在洒了一层薄面粉的案板上晾干约 1 小时。烧开一大锅盐水，晾好的面条下锅煮至弹牙，捞出面条。保留 ¼ 杯（60 毫升）左右的煮面水。

在煎炒锅中用中火融化奶油，加入煮过的面条、保留的面水和龙蒿，拌炒直到面条完全沾附到奶油与面水。加盐与胡椒调味，锅子离火。将黑松露刨在面上，多多益善。立刻上菜。

❧

我最爱的简易烤鸡
My Favorite Simple Roast Chicken

2 人份

- 1 只 2 至 3 磅（1⅓ 公斤）的农场放山鸡
- 粗盐和现磨黑胡椒
- 2 小匙碎百里香（可略）

- 无盐奶油适量
- 第戎芥末酱适量

预热烤箱到华氏 450 度（摄氏 230 度），鸡冲洗干净后用纸巾将鸡只里外都抹干，在鸡腹内抹盐与胡椒，接着用绵线将鸡绑好。

绑鸡并不难。如果你常烤鸡，自然就会熟能生巧。绑的时候，鸡翅和鸡腿必须紧绑在鸡身上，鸡小腿要盖到鸡胸，如此才不会将鸡胸肉烤得太干。绑鸡的手法有助使鸡肉受热均匀，烤好的鸡也比较中看。

接着用约 1 大匙盐来替鸡肉调味。我喜欢从高处洒盐，让盐粒像雨滴般均匀落在鸡面上，这样可以将鸡皮烤得又咸又香又脆。鸡只烤好后，脆脆的鸡皮上仍看得到盐粒。洒黑胡椒调味。

把鸡放置在煎炒锅或烤盘里。当烤箱达到预定的温度，把鸡送入烤箱。我会让鸡在烤箱里自然地烤下去，不去淋油汁或再加奶油。若你喜欢这么做，悉听尊便。我是因为觉得这样会制造出我不想要的蒸气，所以不这么做。烤大约 45 至 50 分钟，至鸡汁清澈时为止，将烤鸡移出烤箱。这时可以加点百里香到烤盘中（随个人喜好决定），再将烤盘中的油汁与百里香浇到鸡身上。让烤鸡在砧板上静置 15 分钟。

拆掉棉线，从鸡翅中段的关节折断鸡翅，立刻吃掉折下来的那一段。切下鸡腿。我喜欢剔下腿骨，吃掉两块"蚝肉"（紧贴着腿骨那两小块多汁的肉）中的其中一块，另一块则给和我一起烧菜的人享用。不过，鸡屁股我可要独享。以前我总不懂我的兄弟为何老争着要这一块尖尖的三角形东西，直到有一天，我自己也尝到了那酥脆又多汁的鸡油。这些都是掌厨者的福利。

从鸡胸部位将鸡从中间一切为二，连着骨头一起装盘。这道菜的样子用不着扮高雅，只需在鸡肉上涂厚厚一层新鲜奶油，一旁附上法式芥末酱。你若是喜欢，也可以附上简单的生菜沙拉。一开始你会用刀叉取食，但后来会直接用手抓，因为实在太好吃了。

✤

炸软壳蛤佐塔塔酱
Moriches Bay Fried Softshell Clam with Tartar Sauce

4 人份

- 4 个大粒沙海螂〔steamer clam〕，需为 24 小时内挖到的
- ⅓ 杯（75 千克）外加 1 小匙粗盐，视口味决定是否需要更多
- ⅓ 杯（75 千克）玉米粉
- 2 粒东摩里奇〔East Moriches〕有机香草农场蛋黄，室温
- 1 小匙（5 毫升）第戎芥末酱
- 1⅓ 杯（320 毫升）大豆油，外加更多份量供油炸用
- 7 小匙（35 毫升）橄榄油
- 柠檬汁适量

- 1 大匙（15 千克）切碎的腌渍酸黄瓜
- 2 大匙（30 千克）酸豆，沥去酸汁
- 1 大匙（15 千克）新鲜红葱头末
- 1 大匙细香葱末
- 1 杯（225 千克）中筋面粉
- ½ 小匙现磨的泰里却利[1]黑胡椒，视口味决定是否需要更多

调制大蛤蜊

把大蛤蜊（沙海螂）放到装了清水的大碗里，加进 ⅓ 杯（75 千克）的盐和玉米粉，放进冰箱冷藏至少 3 小时或隔夜。接着，大蛤蜊入滚水汆烫不超过 30 秒，立刻泡冰块水冷却蛤肉。取下蛤肉，剥除外层的薄膜，冲洗掉残存的沙粒。

调制塔塔酱

先来自制美奶滋：将蛋黄打进大碗中，加芥末酱搅拌。混合 1⅓ 杯（320 毫升）的大豆油和橄榄油，徐徐加入蛋黄中，一边加一边用打蛋器搅打，使之乳化。加柠檬汁、盐和胡椒调味，然后加进酸黄瓜末、酸豆、红葱头和细香葱。再尝尝味道，调整咸淡。也可以不自制美奶滋，直接用赫曼牌（Hellmann's）美奶滋，加一点柠檬汁调味，再加入酸黄瓜、酸豆、红葱头和细香葱。

炸蛤肉

混合面粉和 1 小匙盐、半小匙胡椒，烧热一大锅油，让油温达到华氏 375 度（摄氏 190 度）。将洗净的蛤肉沾上调好味的面粉，入锅炸至金黄，置于纸巾上吸油。

上菜

在蛤肉上摆一小球的塔塔酱。每一份的炸蛤肉份量都不多，因为只求尝鲜，并不求饱。

编注

1. Tellicherry，印度西部的马拉巴尔海岸（Malabar Coast）生产的世界知名黑胡椒之一，以其外形整齐一致而最为著名。另一种即名为马拉巴尔（Malabar pepper）。

香草脆酥鲭鱼佐蒜辣青花菜
Mackerel in Herb Crust and Broccoli with Garlic and Chili

4 人份

- 2 大匙修整过且大致剁碎的新鲜洋香菜
- 2 大匙修整过且大致剁碎的迷迭香，外加 4 枝的份量
- 2 大匙修整过且大致剁碎的罗勒
- 2 大匙修整过且大致剁碎的鼠尾草
- 7 大匙（100 千克）面包屑
- 7 大匙（100 毫升）橄榄油

- 4 条中等大小的鲭鱼，已去除内脏
- 4 瓣蒜头，压碎，外加 2 瓣切薄片
- 盐和胡椒适量
- 2 颗青花菜，切成小朵
- 1 根红辣椒，去籽切片

调制香草脆酥皮
洋香菜、剁过的迷迭香、罗勒和鼠尾草一同置于食物处理机中，加入面包屑、1 大匙（15 毫升）橄榄油，用低速搅拌。徐徐加进 3 大匙（45 毫升）的油，再搅拌 30 秒，倒在大盘子上。

调制鲭鱼
用大火烧热煎锅，鱼腹内抹少许盐和胡椒调味，再于每条鱼的肚子里塞一枝迷迭香和一瓣压扁的蒜头。鱼皮上也洒盐和胡椒调味。将 2 大匙（30 毫升）的油刷在鱼身各处，在香草面包屑上滚一下，注意要让面包屑紧黏着鱼身。将鱼放进热煎锅中，视鱼的大小，每面煎 4 至 5 分钟左右。把鱼煎上色但不可煎焦，必要时可把火力转小。

调制青花菜
趁煎鱼时，用加了盐的滚水汆烫青花菜约 1 分钟，把菜烫软即可。用小火热煎炒锅，加入剩下的 1 大匙（15 毫升）橄榄油，然后加蒜片和辣椒片炒香，但不要炒焦。青花菜下锅同炒，注意勿将菜炒到颜色变深，只需炒到不夹生即可，加盐与胡椒调味，连同鲭鱼一起端上桌。

娘惹 [1] 鲜虾米粉
Nyonya

4 人份

- 10 颗红葱头
- 5 根红辣椒
- 1 颗蒜头，剥皮
- 1 大匙马拉盏 [2]，用烤箱烤到干碎
- 2 杯（475 毫升）新鲜椰浆
- 1 杯（235 毫升）椰奶
- 3 大匙（40 千克）豆酱 [3]

- ½ 杯（120 毫升）罗望子酱
- 7 盎司（200 千克）干米粉
- 1 把韭菜，大致切碎
- 8¾ 盎司（250 千克）豆芽菜，洗净摘除须根
- 1 个红甜椒，切丝
- 12 条中等大小的鲜虾，剥壳，去肠泥

调制虾味豆酱汁

将红葱头、红辣椒、蒜头和虾酱放入食物处理机中绞成质地很细的糊，搁置一旁备用。在大锅中用中火煮椰浆，直到开始油水分离。将前面打好的辛香糊加入锅中，煮 30 分钟，保持酱汁在将滚而未滚状态。加进椰奶和豆酱，再煮 2 分钟，接着加罗望子酱。煮好的酱汁味辣、微酸且又甜又咸。

调制米粉

米粉放进滚水中煮软，捞出沥水，搁置一旁备用。用小火煮滚准备好的酱汁，将韭菜、豆芽菜和红甜椒分别加进酱汁中氽烫去生。像拌沙拉那样拌合蔬菜和米粉，使之色彩缤纷。

调制鲜虾

将虾味豆酱汁煮滚，虾仁下锅煮到变红熟透。

上菜

把酱汁舀到虾仁上，配上拌米粉一起上桌。

编注

1. Nyonya，娘惹，原意为华人与南洋人通婚后生下的女儿。她们烹煮出的菜肴融合了多国特色，自成一格，今形成一门独特的"娘惹菜"。
2. Blachan，亦作Balachan，一种东南亚各国料理常用的虾酱。据说香港发明的XO酱即改良自此。
3. Taucheong，经发酵制成的豆酱（soya beans paste），亦为东南亚料理中经常使用的酱料。

寿司
Sushi

6 人份

- 3½ 盎司（100 毫升）日本红醋
- 1 大匙外加 1 小匙盐
- ½ 大匙（7 毫升）味啉
- 4 大匙（55 千克）外加 1 小匙砂糖
- 1½ 寸（4 公分）见方的昆布

- 3¼ 杯（720 千克）短粳的寿司米
- 4 杯（930 毫升）冷水，以及更多供洗米用的水
- 1 大匙磨好的山葵〔哇沙米〕
- 2 磅（910 千克）生鱼片等级的精选鱼

调制醋饭
做醋饭是调制寿司整个过程中最重要的环节。

小锅中倒进 2½ 盎司（75 毫升）红醋，加盐、味醂和糖，用中火煮至糖溶化，烹煮醋汁时保持将滚末滚，不可煮沸。加进昆布，锅子离火，置室温下放凉。凉了以后，将尚未用到的醋加进锅里（这么做是因为醋一经加热，往往就会失了香气）。此份量的寿司醋足够拌合本食谱两倍份量的米饭。

反复用清水淘净白米。当淘米水不再混浊，米就算洗好了。立刻用冷水浸泡洗好的白米；冬季时泡 30 分，夏天泡 15 分钟。然后倒置筛网中沥水。

将白米置于厚实的煮锅里，加进 4 杯（930 千克）冷清水，用大火煮至沸腾后，滚煮 1 分钟，接着转小火，再煮 5 分钟，然后再转到大火煮 10 秒钟就好。锅子离火，盖上锅盖，让饭焖 15 分钟左右。若仍有太多水份，必须滤掉。

趁饭还热时，用刚才泡在醋里的昆布拭遍木盆或其他宽口浅盆的内部，然后将饭盛进木盆，摊平成薄薄一层。把准备好的一半醋汁均匀倒在米饭上，一边用饭勺或扁平的木匙像用刀切片似的方式拌合醋和饭，动作必须快且带有节奏。小心不要搅拌过度，以免饭粒变得太黏。

将盆底的饭往上翻拨，让饭粒都能翻面，继续拌合醋与饭；划对角线，把饭从木盆的一边翻拨到另一边。在真正动手捏寿司前，用编织紧密的湿布盖住饭盆（但仍得在饭变得太硬之前开始制作寿司）。

捏寿司
取约一大（量）匙份量的醋饭置于手心，用一根手指在饭上按一按，使成扎实的椭圆饭团，抹上适量的山葵，将约⅛ 寸（0.3 公分）厚的鱼片放在抹了山葵的饭上，让鱼片覆盖住饭团。

杰米的意大利辣酱面
Jamie's Spaghetti all'Arrabiata

4 人份

我都是在托斯卡尼的席瓦皮亚纳（Selvapiana）酒庄买酒。这道辣酱面是向那里一位手艺精湛的厨师学来的。它虽不是世上最炫的一道菜，但当我休假日晚上待在家里时，却最爱吃这道可以抚慰身心的面食。我也说不上来何以如此，八成和下面这件事有关吧：我想我是嗜辣成瘾了。辣味的菜肴总是让我很快乐。

照传统做法，用的应该是笔管面，不过我觉得拿来拌直圆面（Spaghetti）真的很好吃。我也喜欢加点面包屑，这是古老农业时代遗留至今的吃法。那时有钱人在面上加帕玛干酪，没钱的人吃不起，就炸些陈面包屑（stale bread crumbs）来代替，里头或许再掺点百里香、蒜头或辣椒，炸得香香脆脆，洒在面上。如此一来就有如洒了帕玛干酪或皮科利诺干酪屑似的，一样给人很丰盛的感觉。在辣酱面上加面包屑，让人吃了心情会很好。

- 7 大匙（100 毫升）橄榄油，外加更多最后淋在面上的份量
- 2 根干的红辣椒，捏碎或切碎
- 4 瓣蒜头，切薄片
- 1 颗红洋葱，切薄片
- 3 罐 14 盎司（400 千克）的优质枣形西红柿[1]罐头，过筛；或 3½ 杯（800 毫升）西红柿糊（passata）
- 海盐和现磨黑胡椒
- 18 盎司（500 千克）意大利直圆面
- 1 小匙（5 毫升）红酒醋
- 3 大匙（45 千克）陈面包屑
- 1 大匙新鲜的碎百里香（可略）
- 新鲜鼠尾草（可略）

在大的煎炒锅中以小火热约 5 大匙（75 毫升）橄榄油，加入辣椒末、蒜片和洋葱，小火煎炒约 3 分钟。加进西红柿，煮到酱汁变浓稠，约煮 20 分钟。

趁煮酱汁时，煮滚一大锅加了盐的水。照面条包装盒上的指示用沸腾的盐水煮面。捞出面条，保留约 ¼ 杯（60 毫升）的煮面水。

酱汁煮稠时，淋入红酒醋，加盐和胡椒调味。

将尚未用到的油倒进一口锅子里，用中火加热，面包屑下锅（喜欢的话，百里香这时也一起下锅）。将面包屑煎炸香脆，约 3 分钟。

把面条和保留的煮面水加入酱汁中拌合，淋上一点特级橄榄油，洒上面包屑，上桌。你若喜欢，还可在面上加几片炸过的鼠尾草。

果酱可丽饼
Crêpes à la Confiture

4 人份

我和我兄弟小的时候常坐着看我妈妈做可丽饼，饼一起锅就马上吃光光。我们通常配上自家做的果酱一起吃，不过有时就只洒上糖和一点巧克力屑。我有时会按照这个做法煎可丽饼给我女儿当早餐。只要几分钟就大功告成，而且很讨我女儿的欢心。

- ⅔ 杯（150 千克）中筋面粉
- 2 颗大的鸡蛋
- ½ 小匙糖，以及稍后当煎饼佐料的份量
- ¾ 杯（175 毫升）脱脂牛奶
- 1 大匙（15 毫升）玉米油或菜籽油，外加用来抹煎锅的份量
- 最优质的果酱，例如草莓、杏桃、橙榜、覆盆子、李子等
- 巧克力屑（可略）

在大搅拌皿中混合面粉、鸡蛋、糖和 ¼ 杯（60 毫升）牛奶，用打蛋器打匀。打好的面糊会很厚。加入尚未用到的牛奶和油，打匀。

在直径 8 至 9 寸（20 至 23 公分）的不沾煎锅中薄薄抹一层油，用中大火将锅烧热。锅子热了以后，舀 3 大匙（45 毫升）左右的煎饼面糊下锅，并立刻倾斜锅子，让面糊均匀分布在锅底。动作要快，否则面糊还来不及摊开在锅底，就已经煎熟了，稍后煎好的可丽饼就会太厚。

煎 45 秒钟左右后，翻面再煎 20 秒钟。煎好时，将较焦黄的那一面朝下盛到盘子上，一张张迭起来。这么一来，煎饼加了配料、折好以后，煎得好看的那一面便会露在外头。可丽饼最好是现煎现包现吃。

包馅时，先在每张饼上抹约 2 大匙（30 毫升）的果酱、1 大匙的糖或 2 小匙（10 千克）巧克力屑。将饼对折，把馅料包起来，然后再对折。立刻食用。

鲔鱼生鱼片佐新式生鱼片酱汁
Tuna Sashimi with Modern Sashimi Dressing

4 人份

- 5 大匙（70 千克）椰糖〔palm sugar〕
- 2 大匙（30 毫升）水
- 2 根小的干辣椒
- ½ 杯（120 毫升）外加 1 大匙（15 毫升）蔬菜油
- ½ 杯（120 毫升）日本有机酱油
- ½ 杯（120 毫升）米醋
- ½ 小匙日本芥末粉
- 1 颗中等大小的红洋葱，去皮，磨碎

- ½ 小匙压碎的黑胡椒
- 1 小把野苣（lamb's lettuce），修整干净
- 1 把紫苏嫩叶，修整干净
- 1 小把水田芥[1] 嫩叶，修整干净
- 9 至 11 盎司（250 至 300 千克）生鱼片等级的鲔鱼，切片，厚度为 ⅛ 寸（0.3 公分）
- 醋渍生姜（可略）
- 现成的日本山葵（可略）

调制酱汁

把椰糖置于厚底锅中，用中火加热至融化且略焦如糖浆，加水，锅子离火。在另一口煎炒锅中用 1 大匙（15 毫升）蔬菜油，将辣椒煎到颜色变黑，然后把辣椒压碎。酱油、米醋和尚未用的 ½ 杯（120 毫升）蔬菜油同置于大搅拌皿中，加进芥末粉，搅拌至芥末粉完全溶解。接下来加入椰糖汁、红洋葱末和胡椒。

上菜

将野苣、紫苏和水田芥洒在大盘上，鲔鱼生鱼片排在菜上，将酱汁均匀淋在盘中的菜肴上。附上醋渍生姜和日本山葵，非常好吃。

译注 | 1. watercress，水田芥即粤菜中用来煮汤的西洋菜

鹅肝肉肠酥塔
Foie Gras and Boudin Tart

4 人份

- 1 张起酥面皮
- 8 大匙（115 千克）奶油
- 4 颗中等大小的洋葱，切薄片
- 盐和现磨胡椒
- 1⅔ 杯（395 毫升）传统奶油白酱〔béchamel〕
- 2 小匙第戎芥末酱

- 1¾ 磅（790 千克）法式肉肠
- 20 颗水煮小马铃薯
- 1 杯（235 毫升）鹿肉〔venison〕高汤
- 7 盎司（200 千克）盐腌鹅肝
- 2 大匙平叶洋香菜末

将面皮擀成 ⅛ 寸（⅓ 公分）厚度，扣出 4 个圆形面皮，每个直径 6 寸（15¼ 公分）。放进冰箱备用。

在大号煎炒锅中用小火热 4 大匙（55 千克）奶油，加进洋葱，炒至焦黄，约 45 分钟。加盐和胡椒调味。

烤箱预热至华氏 450 度（摄氏 230 度），在每片起酥圆形面皮上抹上约 ⅓ 至 ½ 杯（80 至 120 毫升）的传统奶油白酱和约 ½ 小匙的芥末酱，再将煎黄的洋葱铺在酱上，烤 15 分钟。

趁着烤酥塔时，把肉肠切片，厚度 ½ 寸（1 公分）。马铃薯也切成同样的厚片。

在大煎锅中以中火热 2 大匙（30 千克）奶油，马铃薯片下锅，煎至金黄，再加入肉肠片煎一下。加盐和胡椒调味。淋入鹿肉高汤并搅拌，收干汤汁，使浓缩约 ¼，然后加进剩下的 2 大匙（30 千克）奶油，搅拌至奶油融化。加盐和胡椒调味。

圆形酥塔烤好后，将肉肠片和薯片撒在酥塔上，舀一些白酱到塔顶，并加上适量的第戎芥末酱。最后在每个酥塔上加几片咸鹅肝。

再磨一点胡椒洒在酥塔上，并洒上一点洋香菜末。立即端上桌。注意，一定要用手拿着吃，这样才能充分享受个中美味。

✧

烤牛肉佐约克夏布丁与红酒浓肉汁
Roast Beef with Yorkshire Pudding and Red Wine Gravy

4 至 6 人份

摄影家吉儿的妈妈说，一个人要烤出酥脆完美的约克夏布丁，非得"很爱吃，很哈油脂"不可。对于这个说法，我可没有半点异议！

- 2¾ 至 3⅓ 磅（1¼ 至 1½ 公斤）带骨牛肋肉
- ½ 小匙海盐，以及更多为牛肉调味的份量
- 现磨黑胡椒
- 2 大匙（30 毫升）橄榄油
- 1 杯（225 千克）中筋面粉
- 4 颗鸡蛋，打散
- 1¼ 杯（300 毫升）牛奶
- 约 4 大匙（60 毫升）蔬菜油或烤牛肉流出的油，供烹调用
- 3 至 4 枝百里香
- 4 瓣未剥皮的蒜头
- 2 颗红洋葱，剥皮、切片
- 4 颗枣形西红柿，切对半
- ½ 瓶红酒（约 1½ 杯／350 毫升）
- 5 杯（11½ 公升）牛高汤

预热烤箱到华氏 400 度（摄氏 200 度）。牛肉洒上盐和胡椒调味，放进烧热的烤盘中，用橄榄油将每一面煎黄，一面约煎 3、4 分钟。连肉带盘移至烤箱中。如果想吃两分熟，每磅（450 千克）的肉需烤 15 分钟；想要五分熟的话，烤 20 分钟。

接下来调制约克夏布丁面糊。将面粉和半匙盐筛至大搅拌皿中，加进鸡蛋和一半份量的牛奶，打均匀。倒进另一半的牛奶并搅拌。面糊放置一旁醒一下。

牛肉烤好之后，移到温热过的盘子上，轻轻盖上铝箔纸，让它在温暖的地方静置一会儿，趁此时来做约克夏布丁与红酒酱汁。把烤箱温度调高到华氏 450 度（摄氏 230 度），在有 12 个杯孔的约克夏布丁烤模（或马芬〔Muffin〕松饼烤模）的每个杯孔中，加上 1 小匙（5 毫升）的蔬菜油（若能用牛肉烤盘中的热油则更好）。将烤模送进烤箱上层干烤，直到油热得几乎要冒烟。

在此同时，再搅拌一下面糊。从烤箱取出烤模，立即将面糊倒进模子里，倒七分半满（倒下去时会有"滋"的一声），再马上将烤模送入烤箱。烤 12 至 20 分钟，将约克夏布丁烤到膨胀且金黄香脆。中途不可开烤箱门，以免布丁塌下去。

接下来是酱汁的制作。倒掉牛肉烤盘中的余油，将烤盘放到中火的炉上，加入百里香、蒜头、洋葱和西红柿，煎炒 4、5 分钟，接着注入红酒，煮到汤汁将滚而未滚。用马铃薯捣泥器捣碎烤盘上的西红柿，让酱汁更浓。倒进高汤，沸煮至浓缩成一半份量，约 10 分钟。将酱汁过筛，边筛边压蔬菜，逼出菜汁精华。酱汁回炉上再煮滚，煮至浓稠。尝尝味道，调整咸淡。

将烤牛肉切成薄片，附上红酒浓肉汁、约克夏布丁，以及炒包心菜、蜜胡萝卜和烤马铃薯，上菜。

❊

萝伦丝的普罗旺斯炖菜
Laurence's Ratatouille

4 人份

这一道普罗旺斯炖菜，我喜欢配上意大利面或库斯库斯 [1] 热热地吃，也喜欢深夜自餐厅下班回家后从冰箱中取出这道菜直接冷食。

- 4 大匙（60 毫升）橄榄油，或更多的份量
- 1 条茄子（中等至大型），削皮，切 ½ 寸（1 公分）见方的小丁
- 海盐

- 2 条栉瓜（中等至大型），纵切成两半，再切成 ½ 寸（1 公分）厚的半月片
- 1 颗大的黄洋葱，切成 ½ 寸（1 公分）的丁
- 1 颗甜椒，切成 ½ 寸（1 公分）长的小块，不分颜色皆可
- 1 罐 28 盎司（830 毫升）西红柿丁罐头（把汤汁喝掉，它好喝极了）
- 1 至 3 瓣蒜头，压成泥
- 现磨胡椒

在大的长柄平底锅中用中大火烧热 4 大匙（60 毫升）橄榄油。油变热时，加进茄子翻炒，随意洒上盐调味，将茄子煎至深金黄色。注意，必须不时拌炒，不可烧焦了茄子。茄丁炒至遍体金黄后，用漏勺捞出，放置在大碗中备用，静待其他蔬菜也炒好。

接着，将栉瓜丁加进煎锅中用余油拌炒，洒盐调味。注意要把栉瓜丁炒得金黄而不焦。栉瓜丁炒黄后，起锅，盛进放茄丁的大碗中。确认煎锅中有无足够的油可以炒洋葱，说不定会需要加约 1 大匙（15 毫升）油。洋葱下锅，洒盐，炒至深金黄色。取出洋葱，也放到已有茄丁与栉瓜丁的大碗中。若有需要，在煎锅中加一点橄榄油以便炒甜椒，接着将甜椒下锅，洒盐。甜椒是最难炒的蔬菜，因为一不小心就会炒焦，因此要格外小心！炉子保持中小火，这样炒的时间虽较久，效果却比较好。

最后，所有的蔬菜通通回锅。如果原来的那口锅子不够大，可能得换大一点的锅子。加入西红柿与蒜泥，分几次洒上现磨胡椒调味，再不断拌炒，让各样食材的味道融合。火力转小，不加锅盖将整锅菜炖 30 至 45 分钟，偶尔搅拌一下。锅底的蔬菜应该会开始变得有点焦，但这正是炖菜的美味所在。趁热上菜，剩菜亦可留待稍后享用。

编注

1. Couscous，一种源自北非马格里布地区（Maghreb，包括摩洛哥、阿尔及利亚与突尼西亚）的柏柏尔人之面食，通常搭配炖肉或炖菜食用。常见于北非料理中，形似小米，其实是以粗小麦粉（semolina）制成。

⁂

松露乡村面包
Truffled Country Bread

1 人份

- 1 个乡村面包
- 新鲜蒜头
- 无盐奶油
- 黑松露

- 海盐
- 装在研磨器里的黑胡椒，将磨刀调成可磨出较粗的粒子
- 特级橄榄油

这真的是一道简单却堕落的美食。我爱用我们本地面包坊出炉的乡村面包，朴拙又好吃。它呈圆形，外皮很脆，内里很耐嚼。挑选中等大小的面包，这样才能切出一两片形状长一点的面包，每片需厚达 ½ 寸（1¼ 公分）。切好的面包丢进烤箱里（直接放在烤架上），烤得香香脆脆。不要放在烤盘上烤，如此一来面包片才会两面都脆，而不会只有顶层是脆的。将烤脆的面包取出烤箱。

取来一球新鲜蒜头，掰下两瓣，剥去蒜皮后，拿来擦抹烤面包片。会有隐约的蒜味飘到你的鼻端，别担心，蒜味不会太重。接着，在面包片上厚厚抹一层无盐奶油。我喜欢用冰的奶油，因为这样会有较多奶油积在面包表面，而不会被面包吸收。

再来就是真的很堕落的部分了：现削的松露。松露的中心应呈好看的深色大理石纹路，而且当然得香气四溢才行。我喜欢用削松露器来削，但若你想用家里最锋利的刀将松露切成薄片（愈薄愈好），也未尝不可。切好的松露量需足以在面包片上堆栈出 ¼ 寸（6 公厘）的高度。取来一些美味的海盐——结晶盐粒较大的盐，例如盐花，可以让口感更丰富，当然也可增添风味——大手笔地洒在松露上，再现磨一些黑胡椒洒在松露上。最后，需要带有果香但不宜太酸的特级橄榄油。先直接尝尝油的味道，如果太苦就不行了，能用酸度在 0.3% 的油最好。将油淋在面包上后可以开动了！

腌渍鲑鱼 [1] 佐芥末酱汁
Gravlax with Mustard Sauce

12 人份的开胃菜（若当成自助餐菜色则可供更多人食用）

- 1 杯（225 千克）外加 2 小匙砂糖
- ½ 杯（110 千克）外加 ¼ 小匙粗盐
- 2 大匙压碎的白胡椒粒
- 1 大块 2½ 至 3 磅（1 至 1⅓ 公斤）去骨剔刺的带皮鲑鱼片
- 3 大把新鲜莳萝，连茎带叶稍微切碎
- ½ 杯（110 千克）切得极碎的莳萝叶
- 2 大匙调好的蜂蜜芥末酱

- 1 小匙第戎芥末酱
- 1½ 大匙（20 毫升）白葡萄酒醋
- 1 大匙（15 毫升）冷的浓咖啡
- ¼ 小匙现磨黑胡椒
- ¾ 杯（175 毫升）葡萄籽油或菜籽油
- 1 条马铃薯芥末面包〔potato mustard bread〕或全麦面包，切成薄片

调制腌渍鲑鱼

在小碗中混合 1 杯（225 千克）糖、½ 杯（110 千克）盐和胡椒粒，搅拌均匀。鲑鱼片置于浅盘中，抓一把适才调好的盐糖料抹在鱼肉两面。鱼皮那面朝下，将剩余的盐糖洒在鱼肉上，并铺上连茎带叶切碎的莳萝。盖上盘子，收进冰箱冷藏腌渍 3 天。

调制芥末酱汁

将两种芥末酱、尚未用到的 2 小匙糖、¼ 小匙盐、醋、咖啡和胡椒放入果汁机中，开动机器，一边打一边慢慢倒入油，将酱汁打到质地浓稠均匀。把酱舀进碗中，加上碎莳萝叶拌匀。盖上碗，进冰箱冷藏至少 4 小时或隔夜，让酱汁入味。

上菜

刮掉腌渍鲑鱼上的调味料，将鱼肉斜切成薄片，但也可保持完整的一大块，让客人自己动手片鱼。附上芥末酱汁与切片的马铃薯芥末面包或全麦面包，上菜。

编注

1. Gravlax，北欧料理，是瑞典的传统名菜。

❦

胡椒牛排
Steak au Poivre

1 人份

我在世上的最后一餐一定要有一块厚厚的、重 14 到 16 盎司的超好吃极佳级（prime）带肥沙朗牛排……八成会是胡椒牛排——照我的食谱来煎并淋上我的酱汁。

- 1 块 14 至 16 盎司（400 至 450 千克）极佳级沙朗牛排
- 盐和胡椒适量
- 2 大匙（30 毫升）煎牛排用的橄榄油
- 1 大匙（15 千克）奶油
- ¼ 杯（55 千克）红葱头末
- ⅓ 瓶好红酒（例如卡本内红酒）
- 柠檬汁适量，约 ¼ 小匙（1 毫升）

牛排加盐与胡椒调味。大火烧热煎锅中的橄榄油，牛排下锅，每面煎约 1 分钟，至表面变得"黑中泛蓝"（即外熟里生）便起锅。

在煎牛排的同一口锅子里融化奶油，红葱头末下锅炒至金黄。接着加入红酒，煮至浓缩了三分之一。加入柠檬汁搅拌，加盐和胡椒调味。酱汁的质地需如丝般滑润且可沾附于搅拌汤匙背上。将酱汁浇到牛排上……然后就上天堂去吧。

⚓

西西里香蔬烩茄
Eggplant Caponata

4 人份

- 一条大茄子，去蒂头，削皮
- 1 大匙粗盐
- ¼ 杯（60 毫升）外加 2 大匙（30 毫升）特级橄榄油
- ¼ 小匙现磨黑胡椒
- ½ 颗黄洋葱，切成 ½ 寸（1 公分）见方的小丁
- 2 瓣蒜头，切薄片
- 2 大匙（30 千克）松子
- 2 大匙（30 千克）无籽葡萄干

- ½ 杯（120 毫升）西红柿酱汁，酱内不宜添加奶酪或肉
- 1 小匙新鲜百里香叶
- 1 大匙（15 千克）酸豆
- ½ 小匙（2 千克）干红辣椒屑
- ¼ 杯（55 千克）卡拉马塔橄榄 [1]，去籽
- 2 大匙（30 毫升）意大利香脂醋

调制茄子

烤箱预热到华氏 450 度（摄氏 230 度），茄子纵切成 4 大片。挖除多籽的果心，剩下的果肉切成 1 寸（2½ 公分）厚的块状。在大碗中混合茄子块、盐、¼ 杯（60 毫升）的特级橄榄油和黑胡椒，搅拌均匀。将处理好的茄子铺在烤盘上，烤 30 至 35 分钟，将茄子烤黄。烤好后取出烤箱，搁置一旁备用。

调制西西里什蔬

在大号的煎炒锅里用中火将 2 大匙（30 毫升）特级橄榄油烧热至几近冒烟，加入洋葱、蒜头、松子与无籽葡萄干，不断翻炒至洋葱变软、松子变黄，炒约 4、5 分钟。加进西红柿酱汁、茄子、百里香、酸豆、红辣椒屑、橄榄和香脂醋。整锅蔬菜煮滚后，让汤汁保持将滚未滚，煮 4、5 分钟至汤汁浓稠。静置半晌，待其温度降至接近室温时再吃。

编注

1. 卡拉马塔（Kalamata）为希腊南方的港都大城，橄榄与橄榄油为其重要输出品。卡拉马塔橄榄鲜嫩多汁，是世界知名的高品质橄榄，该地生产的橄榄油有90%左右是特级初榨橄榄油（Extra Virgin Olive Oil），行销全世界。

炙烤松叶蟹
Grilled Matsuba Crab

2 人份

- 2 只大松叶蟹
- 盐适量
- 2 张 8 寸（20 公分）的米纸
- 1 杯（235 毫升）清酒

用大菜刀或肉刀斩下蟹脚和蟹螯。从关节处下刀，将蟹脚剁成小段。撬开壳盖，摘除鳃。将蟹身一分为四，随意洒上盐。

以中火将烧烤架（盘）烧热。用清酒浸泡米纸 15 分钟。将蟹块放到烧烤架上，像盖棉被那样将米纸盖在蟹块上。烤至蟹肉熟透，约 12 至 15 分钟。

❊

炙烤鲔鱼三明治
BLT Grilled Tuna Sandwich

6 人份

- 1½ 磅（680 千克）黄鳍鲔，切成 12 片，每片约 ½ 寸（1 公分）厚
- ½ 杯（120 毫升）橄榄油，外加用来涂抹鲔鱼的份量
- 细海盐和现磨胡椒适量
- 4 小匙（20 毫升）现压柠檬汁
- ½ 小匙蒜末
- 1 大把芝麻菜，摘除硬茎
- ½ 杯（120 毫升）美乃滋
- ¼ 杯（55 千克）黑橄榄酱[1]

- 1 条意大利乡村面包，斜切成 12 片，每片 ½ 寸（1 公分）厚，需烘烤
- 12 片苹果木烟熏培根，煎脆
- 1 颗中等大小的红洋葱，切片
- 2 颗成熟的西红柿，切片
- 3 颗全熟水煮蛋，剥壳，切片
- 6 盎司（170 千克）意大利帕玛干酪，用削皮器或蔬果切片器削成薄片
- 1 颗成熟的酪梨，最好是"哈斯"品种[2]
- 1 把罗勒，摘除硬茎

调制鲔鱼
用中火烧热炙烤盘或烤肉架，每片鲔鱼薄薄抹上橄榄油，两面洒上盐和胡椒。将鲔鱼放在炙烤盘或烤肉架上，每面烤 1、2 分钟，烤至三分或五分熟（随个人喜好决定）

调制芝麻菜
在中型碗中加入 ½ 杯（120 毫升）橄榄油、柠檬汁和蒜末，拌匀，加盐和胡椒调味，再加进芝麻菜并拌匀。

组合三明治
每片面包抹一点美乃滋与黑橄榄酱，将培根、洋葱、西红柿、鸡蛋、干酪和酪梨均分铺到 6 片面包上，再摆上鲔鱼、罗勒和芝麻菜沙拉。抹酱的那一面朝下，将另外 6 片面包盖上。每份三明治一切为二，立刻端上桌。

编注

1. Tapenade，法国南部常见的开胃小点，可涂抹在法国面包上食用。主要材料为黑橄榄、随续子（Caper）加上橄榄油。
2. Hass cultivar，酪梨的诸多培育品种之一，墨西哥是最大生产国。

❁

黄鳍鲔鱼佐柚子芫荽酱油
Ahi Tuna Poke with Soy-Yuzu-Cilantro Sauce

2 人份

- ½ 磅（225 千克）黄鳍鲔鱼（生鱼片等级），切成 ½ 寸（1 公分）厚的方块
- 2 小匙（10 毫升）蒜蓉辣椒酱
- 1½ 大匙姜末
- 1½ 大匙（20 千克）红葱头末
- 2 小匙黑芝麻
- 3 根青葱，只使用葱绿部分，斜切成葱花

- 1½ 大匙（25 毫升）麻油
- 盐
- 2 大匙（30 毫升）日本柚子汁
- 1 大匙（15 毫升）酱油
- 1 大匙（15 千克）芫荽末
- 1 大匙（15 毫升）橄榄油

调制鲔鱼块
将鲔鱼、蒜蓉辣椒酱、姜末、红葱头末、芝麻、葱花和麻油加进搅拌皿中，拌合均匀，加盐调味。收进冰箱冷藏备用。

调制酱汁
在小碗中混合柚子汁、酱油和芫荽，慢慢加入橄榄油，搅匀。

上菜
在盘中央放几块鲔鱼。用汤匙舀酱汁浇在鱼块上和周围。

注意事项
日本柚子是种芳香的柑橘果实，味道不同于超市里买得到的柠檬。高档杂货店或专卖店有售瓶装日本柚子汁，偶尔也出售新鲜柚子。若买不到日本柚汁，可用等量的一般柠檬汁替代。

鲔鱼和辣味西米佐水梨

Tuna and Chili Tapioca with Asian Pear

10 人份

- 2 磅（910 千克）切好整理过的生鱼片等级鲔鱼
- ¼ 杯（60 毫升）葡萄籽油
- 5 颗红葱头，去皮，切薄片
- 9 根奇波特雷干辣椒 [1]，烘烤后剁碎
- 2 根安秋干辣椒 [2]，烘烤后剁碎
- 6 根干泰国辣椒
- 4 小匙胭脂树籽 [3]
- 1 小匙烘烤过的丁香
- 4 根肉桂棒，烘烤后拍碎
- 1 小匙花椒，压碎
- 7 杯（1⅔ 公升）水
- 5 大匙（70 千克）盐
- ¾ 杯（175 千克）外加 3 小匙糖
- 1 盒大粒西米〔pearl tapioca〕
- 4 大匙（60 毫升）辣油
- 3 杯（710 毫升）椰子汁
- ¾ 杯（175 毫升）椰奶
- 1 根绿色朝天椒，切碎
- ¾ 杯（175 毫升）新鲜青柠檬汁，以及最后再添加的 3 盎司（90 毫升）
- 5 根香茅，压扁后剁碎
- 40 片泰国青柠檬叶，切碎
- 1 颗沙葛 [4]，削皮，切成 ¼ 寸（½ 公分）的菱形
- 1 颗水梨，削皮，切成 ¼ 寸（½ 公分）的菱形
- 3 大匙（40 千克）葱花
- 1 颗红甜椒，炭烤后剥皮，切成 ¼ 寸（½ 公分）的菱形

调制鲔鱼

将鲔鱼切成 1 寸（2½ 公分）长、½ 寸（1 公分）宽、⅛ 寸（⅓ 公分）厚的薄片，然后将每一片对折。将鲔鱼排到一人份盘子上，每盘的份量约 3 盎司（85 千克）。放进冰箱冷藏备用。

调制辣味西米

用中火在中号单柄煮锅中烧热葡萄籽油，红葱头、奇波特雷干辣椒、安秋干辣椒、泰国辣椒、胭脂树籽、丁香、肉桂和花椒入锅炒至金黄。加入水，以及 4 大匙（55 千克）的盐和 3 小匙的糖，煮开。接着将西米倒进锅里，煮到变透明，并不时搅拌一下。捞出西米，置于可密封的容器中，并将辣油淋在西米上，放进冰箱冷藏。

调制青柠檬椰汤

在大号单柄煮锅中混合椰子汁、椰奶、朝天椒、¾ 杯（175 毫升）新鲜青柠檬汁、¾ 杯（175 千克）糖和剩下的 1 匙盐，煮开。加入香茅与青柠檬叶，锅子立刻离火。整锅汤汁不要加盖，放凉。等汤凉透时，用细目滤网过滤，最后再加点青柠檬汁。

上菜

在鲔鱼片上洒少许盐，将西米舀到鱼片上，铺上沙葛，最后铺上水梨。洒点葱花，然后再摆上红甜椒。注入椰汤至五分满，然后就可以上菜了。

编注

1. Chipotle peppers，墨西哥代表干辣椒，以"墨西哥辣椒"（Jalapeño chili）烟熏制成，中辣。
2. Ancho chile，以原产于墨西哥的"村民辣椒"（Poblano peppers）制成之心型干辣椒，微辣。
3. Annatto seed，取自原产于中、南美洲的胭脂树（Bixa orellana）种子外层的天然色素，广泛应用在奶酪（诸如切达奶酪〔Cheddar〕、红列斯特奶酪〔Red Leicester〕、布里奶酪〔Brie〕）、人造奶油、米饭、烟熏鱼，以及起司粉等之上。
4. Jicama，原产于热带美洲的豆薯属攀援植物，块茎可做沙拉。

✳

鞑靼鲔鱼佐山羊奶酪
Tartare of Tuna with Goat Cheese

4 人份

- 9 盎司（250 千克）鲔鱼，切小丁
- 1 撮白胡椒
- 1 大匙（15 毫升）橄榄油
- 1 小匙鳀鱼末
- 2 盎司（60 千克）新鲜山羊奶酪，切碎
- ¾ 大匙细香葱末
- ½ 大匙（7 毫升）酱油

- ½ 大匙（7 毫升）味啉
- 1 撮海盐
- 1 撮红辣椒粉
- 1 撮蒜末
- ½ 小匙姜末
- 1 小把用来陪衬装饰的紫苏嫩叶
- 1 小把用来陪衬装饰的野苣

在大碗中混合所有材料（用来陪衬装饰的材料除外），分盛到 4 只盘子上。添上紫苏叶和野苣装饰。

奶油酥饼冰淇凌三明治

Shortbread Ice Cream Sandwiches

约 6 份三明治

- ¾ 磅（115 千克）奶油
- 1 杯（225 千克）外加 ½ 杯（110 千克）糖
- 1 大匙（15 毫升）香草精〔vanilla〕
- 3 杯（680 千克）有机糕饼面粉〔pastry flour〕，以及更多洒在面皮上的份量
- ¾ 小匙外加 1 撮的盐
- 4 粒蛋黄

- ½ 杯（120 毫升）牛奶
- ½ 杯（120 毫升）浓鲜奶油〔双重乳脂奶油〕
- 1 根香草豆
- ½ 杯（110 千克）牛奶巧克力，切小块
- 1 品脱（560 千克）野草莓

调制奶油酥饼

在大搅拌皿中混合奶油和 1 杯（225 千克）的糖，均匀搅打至发泡松软，然后加入香草。加进面粉和 ¾ 小匙盐，搅拌至混合均匀即可（小心不要搅过头）。将面团塑成直径 3 寸（8 公分）的圆柱，用保鲜膜包好，放进冰箱冷藏 30 分钟。将圆柱形面团片成 ¼ 寸（½ 公分）厚的圆饼，随意洒上糖，送进华氏 350 度（摄氏 175 度）的烤箱中烤至金黄，不要烤到颜色变得太深（约 12 至 15 分钟）。

调制冰淇凌

在小碗中混合剩下的 ½ 杯（110 千克）糖、蛋黄和 1 撮盐，搅打至均匀，蛋黄颜色变淡，搁置一旁备用。牛奶和鲜奶油倒进小号单柄煮锅中，剖开香草豆荚，把籽刮入牛奶当中，然后将豆荚也加进锅里。小心地烧热锅中液体，不时搅拌，煮到奶液开始沸腾。锅子离火，静置 5 分钟使入味。

将热牛奶液徐徐倒入先前搁置一旁的蛋黄液中，一边加入一边用打蛋器搅拌。当两者混合均匀时，把此混合液倒回煮锅里。加进巧克力，用中火煮，不时搅拌，煮至汁液开始变浓稠，且可以轻易沾附木匙背。捞除香草豆荚。将浓液倒入泡在冰块水里的搅拌皿中，不断搅拌此浓液，直到变凉，然后倒入冰淇凌机中冰冻。

调制三明治

每 2 片酥饼夹 ¼ 杯（60 毫升）的冰淇凌，成为夹心三明治，放入冷冻柜。食用时附上一碗野草莓，就很完美了！

MY LAST

SUPPER

终极飨宴

以美食的名义奢华

当一滴奶油落入煎锅的时候，它会预料到自己将会成为世界上最令人垂涎的终极美味的开篇吗？

这世上一切辉煌的奇迹，或许不过都发轫于一个再平常不过的开始。
然而，奶香散去，真正的演出才刚刚登场，只有最具天赋与经验的高手，才能在一系列无比精准又充满激情的步骤后，将这滴奶油融入无以伦比的梦幻佳肴，成就一道名副其实的最后晚餐。
这世上一切真正的奇迹，都来自对梦想激情四射的投入，对完美永不止歇的追求。

这是终极飨宴的故事，也是Gaggenau（嘉格纳）的故事。

时间：1683年。地点：神圣罗马帝国温泉疗养胜地巴登–巴登。
这一年，巴登总督威廉年仅26岁，他还不是那位后来名震帝国的铁血将军，而只是一个心怀悲悯的年轻人。面对领地上那些食不果腹的贫民，他突然想到，当地的铁矿资源丰富，为什么不利用铁矿让贫苦的农民们多些收入好填饱肚子呢？几番思量，他把建厂地点选在了相距不远的Gaggenau（嘉格纳）小镇。
此时，这位名将之花当然不可能预料到，他的"Gaggenau（嘉格纳）铁制品工厂"会创下比他本人更辉煌的声名，而"Gaggenau（嘉格纳）"也将走进世界各地最奢华最专业的厨房。
此后的200多年，Gaggenau（嘉格纳）经历了战火纷飞，但家族式的经营使得Gaggenau（嘉格纳）经受住了政治、文化、经济的全面社会变革，在铁制品领域稳定发展。直到1897年，他的新东家米歇尔·福录尔西姆在一次商品交易会上邂逅了年轻的炉灶专家——泰多尔·贝尔格曼。Gaggenau（嘉格纳）终于迈向了进军现代厨房的第一步：在欧洲最早突破搪瓷技术，并用以生产新式的炉具、烤箱。

也许从那个时候起，Gaggenau（嘉格纳）的灵魂里就多了一种与美食主义息息相通的精神："锐意进取，拒绝平庸！"——这已不再是一个历史悠久的传统制造企业的标语了，而是适合挂在一切有雄心的现代企业家的办公室里，以及一切有梦想的大厨们的工作室里。

20世纪30年代，Gaggenau（嘉格纳）的全新一页悄然翻开，这不仅是因为他遇到了新的经营者：冯·布兰奎特家族，更是因为他的新领导者奥托·冯·布兰奎特是一位真正的完美主义者和厨艺爱好者——这两者集于一身的结果就是：**当他发现当时现有的厨房设备根本无法让他尽情发挥，做出理想的美味佳肴后，他决定创造一个全新的厨房。**

一个更清洁更专业更现代的厨房：包括嵌入式的厨房设施以及各式各样的厨用电器，"我要生产出最好的产品，让更多的人分享我的成功。"

那是1931年，电气化的世界刚刚萌芽，连黑白电视机都尚未问世的时代，奥托理想中的厨房看起来如此异想天开、不切实际，但凭着对烹饪的敏锐直觉和对梦想的激情，Gaggenau（嘉格纳）开始在厨艺世界里走出一条独特的成功之路。而30年后，当第一批镶嵌着Gaggenau（嘉格纳）标志的厨房电器行销欧洲的时候，他们依然是这个领域的时尚风标。

半个世纪转瞬已过，如今的Gaggenau（嘉格纳），已是厨艺世界里公认的明星，从经典的嵌入式烤箱、蒸汽烤箱、咖啡机、暖碟抽屉、洗碗机、微波炉、冰箱到酒柜，及臂式设计的升降台式吸油烟机，从伦敦海德公园1号到新加坡天堂岛度假区，到处都可以看到Gaggenau（嘉格纳）的标志。

这是一个年轻时尚的Gaggenau（嘉格纳），因为他的身上有着世界上最先进的科技与最大胆的创意；这也是一个历经岁月而雍容沉静的Gaggenau（嘉格纳），因为在他的身上，没有任何花哨繁复的装饰，或是哗众取宠的噱头，只有最简洁经典的设计，以及最实用便捷的功能。这种奢华至极归于平淡的美，真正热爱烹饪的人，自然能够体会。

是的，**在德国经济周刊奢侈品排行榜上高踞的Gaggenau（嘉格纳），已经为无数精英人群所选择，**但他更属于那些和他一样热爱烹饪的人们——他们需要一个可以将烹饪从技术转化成艺术的完美厨房，关于美食的一切细节都可以随心所欲。而这，正是Gaggenau（嘉格纳）从未停歇的追求。

所有爱酒的人都知道，不同的酒需要在不同温度和湿度中保存，而醒酒时又需要与保存时不尽相同的条件——你能想像有个酒柜可以比你更了解各种美酒的需求么？Gaggenau（嘉格纳）可以，它的酒柜拥有2个可以精确调温的独立温区，有湿度调节系统和醒酒模式，甚至有可靠的低振动操作模式来保证你从酒柜里拿出佳酿，完美保存了每一滴的醇香。

常用数字化电器的人也都知道，这些电器漂亮的液晶控制板是最容易出问题的地方，但Gaggenau（嘉格纳）的液晶控制面板却不会有这样的忧虑，因为即使是用在高温的烤箱上时，Gaggenau（嘉格纳）的工程师们也早已从通风系统到安装位置解决了温度传递的问题，从而保证这块小小的液晶面板可以像烤箱的钢铁结构一样长寿。

还有按钮，当你在厨房里忙碌时需要不断操作的那些大大小小的开关和按钮，或许一不注意就会按错哪个。但如果是在Gaggenau（嘉格纳）的厨房里，你就完全不用担心这样的事情：这里的每一个按钮经过精心设计和反复考量，以保证安装在最恰当便捷的位置，甚至每个按钮都经过纯手工的抛光以保证最佳使用手感。让你"闭上眼睛也不会按错"——没错，这就是Gaggenau（嘉格纳）对自己的要求。

热爱是最好的老师。
只有热爱美食的人才能做出最美味的菜肴。

同理，只有热爱烹饪的人才会制造出最完美的厨房。

在美食的王国里，你能看到热爱它的人，是如何用最天才的创意与最精湛的技术，成就一道又一道超越想象的终极美味。
而在这些美味诞生的背后，那些米其林大师的身影旁，你也能看见低调沉静的Gaggenau（嘉格纳），无处不在的Gaggenau（嘉格纳）。他是助手，他是魔棒，精准的执行着美食魔法师的每一道指令，并用自己的激情，为这个美妙的过程打造出一个完美的舞台。

没有人比魔棒更了解魔法师的需要，更了解魔法诞生的过程。

几十年来，冯·布兰奎特们依然热爱着烹饪，但他们显然不是Gaggenau（嘉格纳）里惟一热爱烹饪的人。在Gaggenau（嘉格纳）发源地的厨房培训中心里，Gaggenau（嘉格纳）的每一个员工都拥有与名厨一起工作的机会，观赏他们的每一步魔法，并且，满足他们的每一个需要。

世界上最好的厨房需要什么？先进的科技，经典的设计，完美的质量，当然。但在这一切的背后，最最不可缺少的，是对烹饪的热爱。

只有爱，才能创造出最狂野的梦想，并将之变为现实。

www.gaggenau.com

精湛工艺，满足了口腹憧憬的最高境界。
在日新月异的科技时代，
"自动"意味着生活方式与生活态度；
而在饕餮不已的美食世界，
"手工"保证了我们最值得期待的味觉之旅。
Gaggenau（嘉格纳）坚信，
难以匹敌的手工制造才可以做到细节的长久回味。
200烤箱系列的控制旋钮，纯手工抛光与装配。
难以想象的工艺投入，只为带给你一份向往美好生活的真实感受。

www.gaggenau.com

Quality.

烤箱烘烤是一种较间接也是较均匀的加热方式，
通过热空气对流和炉壁的红外线辐射，从四面八方加热食物。
这种使用烤箱、加热相对缓慢的方法，
非常适合需要长时间加热才可以完全熟透的大型肉块。
烤箱的加热效率和温度有着特别密切的关系。
为了达到这样的完美境界，每一位大厨都付出了毕生的激情与心血。
惟有不断追求，才能臻善臻美。
就如Gaggenau（嘉格纳）走过的道路，"锐意进取，拒绝平庸"。
Gaggenau（嘉格纳）烤箱的经典蓝色珐琅内腔使用了多种复合材料。
几代人不曾熄灭的进取热情，
伴以对一切细节精益求精的苛求，才能成就无可挑剔的专业品质。

www.gaggenau.com

烹饪的最高境界是感官的丰富体验。
大自然令人叹为观止的转化潜力，
体现着人类在历史中大幅跃进的想象力与创意。
它满足了人类生存的基本需求，
更跨入了艺术的层面，
为感官之欲带来高度的愉悦与创意。
惟有从内到外的美好，才能成就无可挑剔的杰作。
在Gaggenau（嘉格纳）AT400台式吸油烟机的油脂分滤器上，
你也能感受到人类这种不懈的追求。

www.gaggenau.com

人类因梦想而伟大。
保持开放态度的设计师让峰回路转的路程变得豁然开朗，
透过生活观察与通力合作，
Gaggenau（嘉格纳）的设计师不断将自己推向潜力的极限，
每一件兼顾理念与实用的作品都成为了人类科技发展的见证，
这种可以激起我们想象与共鸣的经典之作，
造就了Gaggenau（嘉格纳）不可撼动的行业地位。
追求极致美学的细微之处，
却又体现着设计者的梦想与热情。
维度400系列的铝合金搁架，
便是设计师透过心灵之眼去感受、想象、体会艺术之后的典范之作。

www.gaggenau.com

当我们通过酵母改变食物的时候，我们使谷物失去原有的样貌，
面包象征着人类想象力以及灵感的跳跃。
世界上最接近于幸福的味道，大概就是刚刚烤好的蛋糕的香味，
那种温暖的香甜，足以让最悲观的人，在那一刻变得满足而愉悦。
各类食材的变身正是诱人美食的科学进步。
无论是"分子料理"还是"化学厨房"，都是人类文明前进的展现。
就像Gaggenau（嘉格纳）的200烤箱系列，
有着明亮通透的灯光，简洁实用的造型，
一目了然的操作系统，以及简单可靠的功能。
当它再搭配上蒸汽烤箱和暖碟抽屉，
这样完美契合的组合，一定能叫那种叫做幸福的味道，来得更加容易

当我们透视人类史上的饮食文明，
厨具的革命完美呈现了生命延续无穷的奥秘与无边的魅力，
从此改变了我们对于食物的理解与想象。
在食物的加工烹调中，涵盖着相关的科学、历史、美学，甚至宗教。
我们重新认识了食物，拜科学的进步所赐，
在巧夺天工的发明中，我们重拾了一种深刻了解的亲切感，
恰到好处的完美搭配，成就了美食历史中一个又一个传奇。
我们没有辜负天地山川的赐予，享受着作为人类而享有的感官体验。
Gaggenau（嘉格纳）电器让人类繁琐的烹饪变得行云流水。
不同系列的创新搭配，让我们陶醉在烹饪的乐趣中。
Vario 400及200系列灶具，完全不同的尺寸与质感，正确组合，方能完美无瑕。

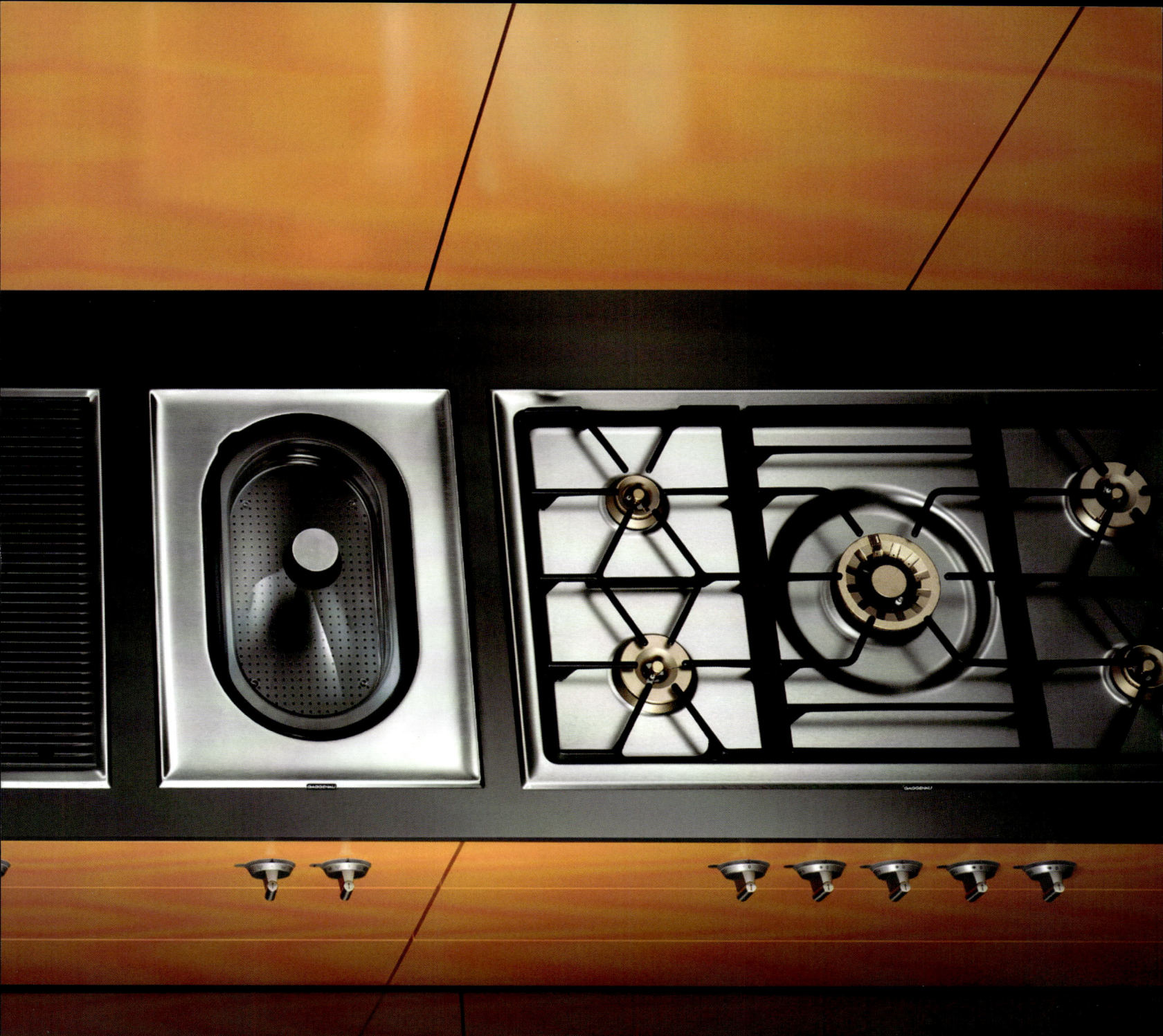

Vario wine storage.

葡萄酒的敏感，
需要费尽心思才可以让佳酿在开瓶之前保持它的辉煌。
而低温的环境让它延缓了葡萄酒酝酿气味，
长保酒体复杂、引人入胜的特性。
深谙品酒之道，不只是学会选酒还要学会藏酒。
Gaggenau（嘉格纳）独创的完全内嵌的设计，
让它们与墙体浑然一体，
至简的轮廓线条，
勾勒出奢华通透的现代美感。
事实上，它们已经不再是一个普通的酒柜了，而更像一个会呼吸的酒窖，
风味在最佳的饮用温度下慢慢展现它的魅力，
那不停变化的感官小宇宙，
静待瓶中经年累月地演变着，
在成为杯中物之前上演着气味的兴替，
瞬息万变的动感期待着打开的时刻。

www.gaggenau.com

生活的感触，需要亲临其境的切身体验。
Gaggenau（嘉格纳）在全球坐拥30多家展厅，
遍及世界各个角落，
绝大部分出自当地著名室内设计师的精心雕琢。
旗舰展厅更可谓是倾心之作，不仅面积阔达、坐落黄金位置，
Gaggenau（嘉格纳）设计师私家赋予的概念设计更显品牌精髓。
甚至，地缘因素也被完美地融入品牌的设计哲学之中。
所有展厅只为让您更真切地体验Gaggenau（嘉格纳）之迥然有别的品牌世界。

www.gaggenau.com

图书在版编目（CIP）数据

嘉格纳终极飨宴/（美）德尼亚著；韩良忆译. —广州：
新世纪出版社，2011.7
　ISBN 978-7-5405-4689-2

　I.①嘉… II.①德… ②韩… III.①厨师－访问记
－世界－现代 IV.①K818.9

中国版本图书馆CIP数据核字（2011）第144024号

出　版　人：孙泽军　　　　　　　　策　　　划：范庭略 GOODLiFE MEDIA
责任编辑：宁　伟　　　　　　　　特约编辑：徐维光
装帧设计：储　平　　　　　　　　技术编辑：张　琪

嘉格纳终极飨宴
——50 位世界名厨的终极晚宴
米兰妮·德尼亚 著

韩良忆 译

出版发行：新世纪出版社
经　　销：全国新华书店
印　　刷：上海丽娃河印业发展有限公司
规　　格：700mm×1000mm　1/8
印　　张：16.25
字　　数：85千字
版　　次：2011年8月第1版第1次印刷
书　　号：ISBN 978-7-5405-4689-2
定　　价：299.00元

如发现印装质量问题，影响阅读，请联系调换：
北京广版新世纪文化传媒有限公司
销售热线：010-65545429　65545449　65542969
传　　真：010-65545428